Sven-David Müller · Christiane Weißenberger

Das große Cholesterin-Kochbuch

- 140 neue Rezepte für die ganze Familie
- Pro Portion angegeben: Kilokalorien, Eiweiß, Fett, Kohlenhydrate, Cholesterin und Ballaststoffe
- Alle wichtigen Informationen für eine cholesterinarme Ernährung

Bibliografische Information der Deutschen Nationalbibliothek
Die Deutsche Nationalbibliothek verzeichnet diese Publikation in der Deutschen Nationalbibliografie; detaillierte bibliografische Daten sind im Internet über http://dnb.ddb.de abrufbar.

978-3-86910-082-1 (Print)
978-3-86910-083-8 (PDF)
978-3-86910-084-5 (EPUB)

Fotos:
Titelbild: stock.adobe.com – Peteers
123rf.com: Svetlana Kolpakova: 15; lianem: 20; Ingridhs: 91; Viktorija Kuprijanova: 105; Corinna Gissemann: 179; andristkacenko: 182
Fotolia.com: Vitalij Schäfer: 9; Pekka Jaakkola: 14; emmi: 16, 97; Andreas F.: 17; Maria Brzostowska: 24; Daniel Chadwick: 26; Vasilii Maslak: 27; nsahraj: 29; Patrizia Tilly: 30; Alkimson: 31; felinda: 32; Philip Date: 33; Oliver Hoffmann: 34; Tomboy: 36; Bobo: 37; Yasonya: 38, 110; Brebca: 39; HLPhoto: 43; Simone Andress: 45; hans12: 46; Joerg Mikus/TAP: 49; Kitty: 53; kab-vision: 55; Tomo Jesenicnik: 56; Kristian Peetz: 58; AGphotographer: 60; HLPhoto: 43, 61; Yekaterina Choupova: 62; Arnaud Weisser: 64; unverdorben: 66; photocrew: 68; helgy 50: 72; foodinaire: 74; Christian Jung: 75; Alexstar: 80; Ella: 82; Viktor: 99; Cogipix: 101, 106; Camabs: 102; Udo Kroener: 107; Jordi Farres: 108; Eva Gruendemann: 109; Tinka: 117; OlgaLIS: 123; unpict: 135, 153; Liv Friis-larsen: 139; og-vision: 163; Springfield Gallery: 167; Monika Adamczyk: 169; Corinna Gissemann: 173, 187; Torsten Schon: 175; Stephan Koscheck: 181; nolonely: 185
iStockphoto.com: loooby: 21; eli_asenova: 48; FotografiaBasica: 171
Ingo Wandmacher: 10, 18, 19, 23, 25, 28, 35, 41, 42, 44, 47, 51, 52, 57, 59, 63, 65, 67, 69, 71, 73, 77, 79, 83, 87, 93, 95, 111, 119, 125, 129, 131, 141, 147, 148, 155, 177, 183, 189

2. Auflage
© 2014, 2019 humboldt
Eine Marke der Schlüterschen Verlagsgesellschaft mbH & Co. KG
Hans-Böckler-Allee 7, 30173 Hannover
www.schluetersche.de
www.humboldt.de

Autoren und Verlag haben dieses Buch sorgfältig geprüft. Für eventuelle Fehler kann dennoch keine Gewähr übernommen werden.
Alle Rechte vorbehalten. Das Werk ist urheberrechtlich geschützt. Jede Verwertung außerhalb der gesetzlich geregelten Fälle muss vom Verlag schriftlich genehmigt werden.

Lektorat: Linda Strehl, München
Covergestaltung: Kerker + Baum Büro für Gestaltung, Hannover
Satz: Die Feder Konzeption vor dem Druck GmbH, Wetzlar
Druck und Bindung: Westermann Druck Zwickau GmbH

Inhalt

Vorwort	6
Erhöhte Cholesterinwerte – das sollten Sie wissen	7
Gesund essen bei erhöhten Cholesterinwerten	10
Vollwertige Ernährung – was heißt das?	10
Alle Lebensmittelgruppen machen eine gesunde Kost aus	10
Auf die Fettsäuren kommt es an	11
Ballaststoffe senken den Cholesterinspiegel	12
Kurz und knapp: So essen Sie ab jetzt cholesteringesund	13
10 Tipps zur Ernährungsumstellung	15
10 Tipps für die fettarme Küche	17
Rezepte	19
Süßes Frühstück	19
Herzhafte Brotmahlzeit	31
Snacks und Vorspeisen	51
Salate	67
Suppen und Eintöpfe	83
Saucen, Dips und Dressings	99
Hauptgerichte	113
Fleisch	114
Fisch	126
Vegetarisch	140
Beilagen	166
Desserts und Gebäck	177
Rezeptregister	192

Vorwort

Liebe Leserin, lieber Leser,

ein dauerhaft erhöhter Cholesterinspiegel stellt eine große Gefahr für unsere Gesundheit dar. Die „bösen" Fette docken in den Wänden der Blutgefäße an und bilden so die Grundlage für Bluthochdruck, Arteriosklerose, Herzinfarkt und Schlaganfall.

Natürlich gibt es so etwas wie eine Veranlagung für erhöhte Blutfettwerte – die können wir nicht beeinflussen. In den meisten Fällen wird ein erhöhter Cholesterinspiegel jedoch durch eine falsche Ernährung verursacht – und die können wir sehr wohl beeinflussen. Früher wurde Patienten empfohlen, cholesterinreiche Lebensmittel zu meiden und so die Blutfettwerte zu senken. Heute weiß man, dass man mit gezielter Ernährung Cholesterin und Triglyceride im Blut positiv beeinflussen kann. Konkret bedeutet das: Essen Sie fettbewusster und achten Sie auf ein vernünftiges Köpergewicht. Damit bleiben die Gefäße elastisch und das Herz wird entlastet.

In diesem Buch informieren wir Sie darüber, wie Sie Ihre Laborwerte über die richtige Ernährung beeinflussen können. Wir stellen Ihnen cholesterinfreundliche Rezepte vor, die der ganzen Familie schmecken und die Sie leicht nachkochen können – keine Sternegerichte mit Zutaten, die nur Fernsehköche kennen, sondern leckere Gerichte, die alltagstauglich sind und in denen viele Cholesterinkiller stecken.

Blättern Sie in diesem Kochbuch und entdecken Sie die vielen leckeren Rezepte

mit den verschiedensten gesundheitsförderlichen natürlichen Zutaten. Bringen Sie Schwung in die Küche und sehen Sie, dass auch auf herzhafte oder exotische Gerichte nicht verzichtet werden muss.

Wenn Sie Fragen oder Anregungen haben, können Sie sich jederzeit an uns wenden. Wir helfen Ihnen gerne weiter und freuen uns auf den Kontakt zu Ihnen.

Allzeit perfekte Cholesterinwerte und die beste Gesundheit wünschen Ihnen

Christiane Weißenberger
Staatlich anerkannte Diätassistentin und Hauswirtschafterin

Sven-David Müller, M. Sc.
Staatlich anerkannter Diätassistent und Diabetesberater DDG

Erhöhte Cholesterinwerte – das sollten Sie wissen

Was ist Cholesterin?

Cholesterin (auch als Cholesterol bekannt) ist ein Fettbegleitstoff, der für den menschlichen Organismus lebensnotwendig ist. Er gehört zu den Fetten, die wir in unserem Blut haben, und wird vom Körper in allen Zellen selbst produziert, jedoch am meisten in der Leber. Wir nehmen Cholesterin aber auch über die Nahrung auf: Verschiedene Fettarten beeinflussen unseren Cholesterinspiegel auf unterschiedliche Weise.

Der Name Cholesterin kommt vom Griechischen „chole", was Galle bzw. Gallenflüssigkeit heißt. Der zweite Wortteil stammt von „stereos" (griech. „fest") ab und lässt auf die biochemische Stoffgruppe der Sterine schließen. Cholesterin ist unentbehrlich für die Herstellung von Gallensäuren. Diese wiederum werden für die Fettverdauung gebraucht. Cholesterin spielt auch eine wichtige Rolle beim Aufbau stabiler Zellwände und für die Funktionen der Zellmembranen. Außerdem ist es die Ausgangssubstanz für die Synthese einiger Hormone. Es ist unentbehrlich für die Bildung von Vitamin D, das vor allem zur Verwertung von Kalzium für den Knochenaufbau benötigt wird.

Optimale und erhöhte Werte

200 Milligramm pro Deziliter setzen Mediziner beim Gesamtcholesterin als Obergrenze an. Höhere Werte gelten als kritisch: Ist der Fettstoffwechsel aus dem Takt, steigt das Risiko, herzkrank zu werden. Das Gesamtcholesterin allein ist aber wenig aussagekräftig – vielmehr untersuchen Ärzte seine Bestandteile: Im Wesentlichen sind dies das „schlechte" LDL- und das „gute" HDL-Cholesterin, denn die Gefahr erhöhter Cholesterinwerte lässt sich nur am Verhältnis von HDL und LDL messen.

- Das LDL sollte 160 mg/dl nicht überschreiten.
- Und das HDL sollte 40 mg/dl überschreiten.

Für viele Menschen stellen leicht erhöhte LDL-Werte kein Problem dar. Kommen aber Vorerkrankungen hinzu, etwa ein Bluthochdruck, Diabetes oder ein Herzinfarkt in der Vergangenheit, können auch leicht erhöhte LDL-Werte eine Therapie notwendig machen.

Ein Beispiel: Fast 28 Millionen Menschen in Deutschland haben nach einer Untersuchung des Robert-Koch-Instituts einen Gesamtcholesterinspiegel von mehr als 250 mg/dl. Sind all diese Menschen krank? Nein!

HDL: gefäßschützendes „gutes" Cholesterin
LDL: gefäßschädliches „böses" Cholesterin
Triglyzeride: anderes Fett im Blut

Hat jemand einen HDL-Spiegel von 68 und ein LDL von 155, ist ein Gesamtcholesterin von mehr als 223 mg/dl zu erwarten. Aber dieser Wert ist normal, da das HDL hoch genug ist. Das Risiko zu berechnen ist ganz einfach: Multiplizieren Sie Ihren HDL-Wert mit 5. Das Ergebnis ist das maximale zulässige Gesamtcholesterin. Haben Sie also ein HDL von 48, dann haben Sie bei einem Gesamtcholesterin von 240 mg/dl noch kein Risiko. Diese Zahlen entsprechen allen nationalen und internationalen Empfehlungen – und trotzdem bekommen vielen Millionen Patienten Medikamente, sogenannte Lipidsenker, vom Arzt verordnet. Wie Sie später sehen werden, ist das aber in vielen Fällen überhaupt nicht notwendig.

Werte regelmäßig messen
Es ist wichtig, über die Blutfette aufgeklärt zu sein. Bitte lassen Sie sich zukünftig mindestens zweimal jährlich die Blutfette bestimmen. Wichtig ist es, folgende Werte genau zu kennen: HDL, LDL und Triglyzeride. Wenn es Ihnen in der Arztpraxis zu mühsam ist, ist das heute auch schon in vielen Apotheken möglich.

Richtwerte für Cholesterin und Triglyceride

Personen ohne Risikofaktoren (Nichtraucher, normaler Blutdruck, kein Diabetes)	
Gesamtcholesterin	Unter 250 mg/dl bzw. 6,5 mmol/l
LDL	Unter 160 mg/dl bzw. 4,0 mmol/l
HDL	Über 40 mg/dl bzw. 1,0 mmol/l
Quotient LDL/HDL	Unter 4
Triglyzeride	Maximal 200 mg/dl bzw. 2,5 mmol/l
Personen mit Risikofaktoren für Arteriosklerose (Raucher, hoher Blutdruck)	
Gesamtcholesterin	Unter 200 mg/dl bzw. 5,0 mmol/l
LDL	Unter 130 mg/dl bzw. 3,5 mmol/l
HDL	Über 40 mg/dl bzw. 1,0 mmol/l
Quotient LDL/HDL	Unter 3
Personen mit Arteriosklerose, Diabetes oder nach überstandenem Herzinfarkt	
Gesamtcholesterin	Unter 190 mg/dl bzw. 4,5 mmol/l
LDL	Unter 115 mg/dl bzw. 2,5 mmol/l
HDL	Über 40 mg/dl bzw. 1,0 mmol/l bei Männern, über 48 mg bei Frauen
Quotient LDL/HDL	Unter 2
Triglyzeride	Unter 150 mg/100 ml (1,7 mmol/l)

Gesundheitliche Folgen hoher Werte

Sehr viele Menschen haben erhöhte oder ungesunde Blutfettwerte. Leider kennen nicht alle Menschen ihre Blutfettwerte. Das kann gefährlich sein, denn ein erhöhter Cholesterinspiegel kann zu Arteriosklerose führen. Die Arterien verkalken sozusagen, dadurch verengen sie und es kann zum Verschluss kommen. Ein Herzinfarkt tritt auf, wenn sich eines oder mehrere Herzkranzgefäße verschließen. Zu einem Schlafanfall (Hirnschlag oder Apoplex) kommt es, wenn sich die gehirnversorgenden Gefäße verschließen. Herzinfarkt und Schlaganfall sind die häufigsten Todesursachen.

Diabetiker und Menschen mit Hypertonie sowie Übergewichtige sind besonders häufig von tödlichen Herzinfarkten und Schlaganfällen betroffen.

Risikofaktor Übergewicht

Übergewicht ist der wichtigste Risikofaktor für einen erhöhten Cholesterinspiegel und erhöhte Triglyzeride. Übergewicht stellt eine Gefahr für die Gesundheit dar. Bei Übergewicht sind Krankheiten wie Herz-Kreislauf-Erkrankungen, Krebs und Gelenkprobleme deutlich erhöht. Übergewicht belastet den Kreislauf und den Stoffwechsel. Allein der Abbau von Übergewicht kann bei sehr vielen Patienten die Blutfette normalisieren. Kurzfristig steigt das Cholesterin übrigens bei einer Gewichtsreduktion an. Das ist normal und ungefährlich. Nach einigen Monaten kommt es zur Normalisierung der Blutfettwerte.

Medikamente oder Ernährungsumstellung?

Unsere Erfahrung zeigt, dass die meisten Menschen mit einem erhöhten Cholesterinspiegel keine Lipidsenker brauchen, um diesen zu normalisieren. Grundsätzlich sollte gelten: Wenn eine Diät und Änderungen der Lebensgewohnheiten nicht ausreichen, um die Blutlipidspiegel zu normalisieren, kommen zusätzlich Lipidsenker zum Einsatz. Meist reicht es aber, die Ernährungsgewohnheiten zu verändern und für mehr Bewegung und Stressabbau durch Entspannung zu sorgen.

Wenn Sie Ihre Ernährungs- und Lebensweise umstellen, können Sie nicht sofort mit Effekten rechnen. Im Gegensatz zum Triglyzeridspiegel ist der Cholesterinspiegel relativ träge. Das gilt natürlich auch für die medikamentöse Therapie. Nach 4 bis 6 Wochen sind jedoch erste Ergebnisse sicher nachzuweisen. Aber wie sieht eine herz-gefäß-gesunde Ernährungsweise, die das schädliche LDL-Cholesterin senkt, überhaupt aus?

Gesund essen bei erhöhten Cholesterinwerten

Durch eine vernünftige Ernährungsweise lassen sich Cholesterinwerte in der Regel ganz ohne oder mit deutlich verminderter Dosis Lipidsenker normalisieren. Nach drei bis vier Monaten der Umstellung der Ernährungsweise zeigen sich die Erfolge einer gezielten Nahrungsauswahl. Entspannung durch autogenes Training oder Yoga sowie reichlich Bewegung führen zu Erhöhung des HDL. Auch bei erhöhten Blutfettwerten gilt der Spruch „Essen und Trimmen – beides muss stimmen". Es gibt eine Vielzahl von Lebensmitteln, die in Untersuchungen bewiesen haben, dass sie als Cholesterinkiller wirken. Sie senken also das LDL deutlich. Dazu gehören beispielsweise Apfel, Avocado, bestimmte Fischsorten, Tofu, Vollkorngetreide, Nüsse sowie grundsätzlich Obst und Gemüse.

> Die Ernährungseinstellung senkt das schädliche LDL.
> Mehr Bewegung erhöht das schützende HDL.

Vollwertige Ernährung – was heißt das?

Alle Lebensmittelgruppen machen eine gesunde Kost aus
Den Cholesterinspiegel durch eine ausgewogene Ernährung zu senken ist möglich. Wichtig ist die richtige Lebensmittelauswahl, die richtige Zubereitung sowie die Einhaltung der empfohlenen Werte für Kalorien, Fett, Cholesterin und Ballaststoffe.

Kaufen Sie Lebensmittel bewusster ein und achten Sie auf den Fettgehalt sowie auf die Art der Fette und Öle.

Die Funktionen des menschlichen Körpers sind besonders gut, wenn wir regelmäßig essen. Das beugt sogar Übergewicht vor. Ein sättigendes Frühstück, ein vitales Mittagessen und ein nicht zu sehr belastendes Abendessen sind Grundlage einer gesunden Lebensweise. Studien zeigen, dass das Snacking-Verhalten leicht zu Übergewicht führt. Wir sollten also regelmäßig drei Hauptmahlzeiten aufnehmen und natürlich ausreichend trinken.

Nährstoffrelation bei täglich 2000 Kilokalorien

Eiweiß: 15 % bzw. 75 g pro Tag (300 Eiweißkalorien)

Fett: max. 30 % bzw. 65 g pro Tag (600 Fettkalorien)

Kohlenhydrate: 55 % bzw. 275 g pro Tag (1100 Kohlenhydratkalorien)

Ballaststoffe: 30 g bis 35 g pro Tag (keine Kalorien)

Cholesterin: max. 300 mg pro Tag (keine Kalorien)

Auf die Fettsäuren kommt es an

Fette kommen in unserer Nahrung fast überall vor, in tierischen Produkten und in pflanzlichen. Doch Fett ist nicht gleich Fett! Der Grundkörper bei allen Fetten ist Glyzerin, daran gebunden sind drei Fettsäuren. Entscheidend für die gesundheitliche Bedeutung einer Fettsäure ist die Kettenlänge (Anzahl der Kohlenstoff-Atome, C-Atome) sowie die Anzahl und Position der Doppelbindungen. Hat eine Fettsäure keine Doppelbindung, spricht man von einer gesättigten Fettsäure. Diese sind für den Körper nicht lebenswichtig. Fette mit gesättigten Fettsäuren sind der Gesundheit nicht zuträglich und sollten bei erhöhtem Cholesterinspiegel gemieden werden. Fettsäuren mit einer Doppelbindung nennt man „einfach ungesättigt", mit zwei Doppelbindungen „zweifach ungesättigt", etc. Diese Fettsäuren verleihen dem Fett einen hohen Gesundheitswert und sogar einen lebensnotwendigen Status.

Gesunde Fette enthalten die lebenswichtigen ungesättigten Fettsäuren (Ölsäure, Linolsäure, Linolensäure), auch als Omega-Fettsäuren bezeichnet. Sie sind „ungesättigt", weil sie mindestens eine Doppelbindung aufweisen. Eine besondere Bedeutung kommt dem Verhältnis von einfach zu mehrfach ungesättigten Fettsäuren zu. Omega-3- und Omega-6-Fettsäuren schützen nachweislich Herz und Gefäße.

Die wichtigste Omega-3-Fettsäure ist die Eicosapentaensäure, die in großer Menge in Makrelen und in anderen Kaltwasserfischen wie Lachs, Thunfisch, Heilbutt und Hering vorkommt. Normale pflanzliche Fette und Öle enthalten wenig Omega-3-Fettsäuren, dagegen eher größere Mengen Omega-6-Fettsäuren wie Linolsäure. Eicosapentaensäure wirkt senkend auf den Gesamtblutfettspiegel, auf den Cholesterinspiegel sowie auf den Blutdruck und verbessert die Fließeigenschaft des Blutes. Der Effekt beruht auf einer Hemmung der „ungünstigen" Blutfettkomponenten VLDL und LDL (sehr große und große Fett-Eiweiß-Partikel im Blut, die viel Cholesterin transportieren und es an den Gefäßwänden ablagern) und einer Verminderung der Blutplättchenverklumpung. Verglichen mit der essentiellen Linol- und Linolensäure ist Eicosapentaensäure bei diesen Vorgängen wesentlich wirkungsvoller und wird deshalb zur Vorbeugung gegen Herz-Kreislauf-Erkrankungen, insbesondere gegen Arterienverkalkung, Schlaganfall und Herzinfarkt zusätzlich empfohlen. Sogar in Pillenform, nämlich als Fischöl-Kapseln, ist diese Fettsäure in Apotheken erhältlich, sie sollte aber nicht ohne ärztliche Rücksprache und Kontrolle eingenommen werden.

Ballaststoffe senken den Cholesterinspiegel

Wenn zu viel LDL-Cholesterin im Blut kursiert, muss es eingefangen und aus dem Körper befördert werden. Zuständig dafür sind Ballaststoffe, die man in unlösliche und lösliche einteilt. Lösliche Ballaststoffe sind in der Lage, Gallensäuren an sich zu binden und dadurch den Cholesterinspiegel zu senken.

Ballaststoffe sind unverdauliche Kohlenhydrate und werden auch Faserstoffe genannt. Sie sind wichtig für den Körper, weil sie für eine normale Darmtätigkeit sorgen: Ballaststoffe quellen im Darm auf, vermischen sich mit dem Nahrungsbrei und regen die Darmperistaltik an. Das geht umso zügiger, je mehr Flüssigkeit und je mehr Ballaststoffe die Nahrung enthält.

Man kann durch eine ballaststoffreiche Ernährung den Darm an einen regelmäßigen Stuhlgang gewöhnen.

Wichtig für Sie ist außerdem, dass Ballaststoffe den Sättigungswert der Speisen erhöhen und Ihnen so beim Abnehmen helfen.

Kurz und knapp: So essen Sie ab jetzt cholesteringesund

Fette und Öle

Fette sind unsere energiereichsten Nährstoffe. Pro Tag sollte man nicht mehr als 30 Prozent der Tageskalorien in Form von Fett zu sich nehmen. Etwa die Hälfte des verzehrten Fettes versteckt sich in Wurst, Käse, Torten und Fertigprodukten. Wie Sie schon gelesen haben, sind Fette und Öle mit ungesättigten Fettsäuren zu bevorzugen. Dazu zählen Pflanzenmargarinen und Pflanzenöle (z. B. Raps-, Maiskeim-, Lein-, Walnuss- und Sojaöl). Butter und Halbfettbutter nur sparsam verwenden! Schweineschmalz, Gänseschmalz, Griebenschmalz und Rindertalg sowie gehärtete Fette (Fritierfette) sollten Sie meiden.

Fleisch und Wurst

Wählen Sie mageres Fleisch. Geeignet sind Rind, Schwein, Pute, Huhn (ohne Haut)

Gesunde, ungesättigte Fettsäuren und ihr Vorkommen in der Nahrung

Art der Fettsäure	Name	Vorkommen
Omega-3-Fettsäure	Linolensäure	Leinöl, Sojaöl, kleine Mengen in anderen Pflanzenölen
Omega-3-Fettsäure	Eicosapentaensäure	Fischöle
Omega-3-Fettsäure	Docosahexaensäure (DHA)	Fischöle
Omega-6-Fettsäure	Linolsäure (wichtigste Fettsäure)	Walnussöl, zahlreiche andere Pflanzenöle
Omega-9-Fettsäure	Ölsäure	Olivenöl, Rapsöl, zahlreiche andere Öle

und Wild. Innereien sind Cholesterinbomben und unbedingt zu meiden. Bei den Wurstsorten sind Bierschinken, Schinkenaspik, gekochter und roher Schinken (ohne Fettrand) geeignet. Fettreich sind Streichwurstsorten (Teewurst, Leberwurst), Blutwurst und Salami. Eine Fleischportion sollte nicht mehr als 100 g wiegen. Anstelle von Aufstrichfett können Sie Senf oder Meerrettich, Salatblatt, Gurke, Tomate, Radieschen auf Ihr Brot legen.

Fisch und Meeresfrüchte
Bevorzugen Sie Seefisch mit einem hohen Gehalt an Omega-3-Fettsäuren, wie Makrele, Lachs, Heilbutt und Thunfisch. Weniger Fett enthalten Rotbarsch, Scholle, Kabeljau und Forelle. Zweimal pro Woche eine Portion Seefisch (200 g) deckt auch den Bedarf an Jod. Meeresfrüchte dagegen sind nicht empfehlenswert, da sie viel Cholesterin enthalten.

Milchprodukte
Vollmilch enthält 3,5 bzw. 3,8 % Fett, fettarme nur 1,5 bzw. 1,8 %. Geschmacklich besteht heute kaum ein Unterschied, sodass man durchaus auf die fettarme Variante umsteigen kann. Sahne, Kaffeesahne, Crème fraîche, Crème double und Sauerrahm sollten Sie meiden und dafür auf Sauermilchprodukte (Buttermilch, Joghurt, Kefir) umsteigen. Wählen Sie auch hier fettarme Sorten. Frischkäse und Quark ebenfalls nur in der fettarmen bzw. Magerstufe verwenden. Käse (Schnittkäse, Weichkäse, Hartkäse) am besten nur bis zu einem Fettgehalt von 45 % in der Trockenmasse (% F. i. Tr.) verzehren – oder gelegentlich sparsam einsetzen.

Eier und Eiprodukte
Ein mittelgroßes Ei enthält 7 g Fett und 344 mg Cholesterin. Pro Woche sollten Sie nicht mehr als zwei Eier essen. Bevorzugen Sie Hartweizennudeln, sie sind in der Regel eifrei. Normale Mayonnaise enthält pro 100 Gramm 142 mg Cholesterin, Salatmayonnaise 52 mg. Wenn Sie unbedingt Mayonnaise benötigen, dann nehmen Sie die leichtere Variante und strecken Sie sie mit Magerquark.

Getreideprodukte und Kartoffeln
Vollkorngetreide ist als Ballaststoffquelle besonders wichtig für die Senkung des Cholesterinspiegels. Deshalb sollten Sie konsequent Vollkornprodukte bevorzugen: Vollkornbrot, Vollkornnudeln (eifrei), Vollkornreis und auch die ganzen Körner

Empfohlene Fettzufuhr

Gesättigte Fettsäuren	Maximal 5 bis 10 % der Gesamtenergiezufuhr
Einfach ungesättigte Fettsäuren	Mehr als 10 % der Gesamtenergiezufuhr
Mehrfach ungesättigte Fettsäuren	Etwa 7 % der Gesamtenergiezufuhr und bis zu 10 %, wenn die Zufuhr der gesättigten Fettsäuren über 10 % liegt
Transfettsäuren	Weniger als 1 % der Gesamtenergiezufuhr
Cholesterin	Die exogene Cholesterinzufuhr sollte weniger als 300 mg täglich betragen

(Weizen, Dinkel, Grünkern, Hirse etc.) und Flocken. Auch Kartoffeln sind gut für Sie, denn sie sind fettarm, eiweißreich, gut bekömmlich und machen satt.

Obst, Gemüse und Hülsenfrüchte
Fünfmal pro Tag sollten wir Obst und Gemüse in irgendeiner Form essen: roh, gekocht oder als Saft. Wer täglich fünf Portionen zu sich nimmt, versorgt seinen Körper mit Vitaminen, Mineral- und Ballaststoffen und trägt damit nachweislich zur Senkung der Cholesterinwerte bei! Fünf Portionen bedeutet übrigens jeweils eine Handvoll.

Süßes
Es ist nicht nötig, dass Sie ganz auf Süßes verzichten. Quark, Joghurtspeisen und Pudding sind erlaubt. Behalten Sie aber die Eimenge im Auge und verwenden Sie die richtigen Fette.

Getränke
Das beste Getränk ist Wasser, gefolgt von Tee und Fruchtschorlen. Obst- und Gemüsesäfte sind auch erlaubt, beachten Sie aber bei Fruchtsäften den Kaloriengehalt, der auf den Gehalt an natürlichem Zucker zurückzuführen ist. Kaffee ist in Maßen gestattet. Trinken Sie pro Tag mindestens zwei Liter kalorienarme Flüssigkeit. Alkoholische Getränke bitte nur ausnahmsweise und nach Rücksprache mit dem Arzt trinken.

10 Tipps zur Ernährungsumstellung

1 Bewegung erhöht den HDL-Spiegel! Geeignete Sportarten sind für Sie Radfahren, Wandern, Schwimmen, Walking, Jogging, Aquagymnastik, Skilanglauf oder Tanzen. Schon ein regelmäßiger, ausgiebiger Spaziergang kann Wunder wirken. Idealerweise bewegen Sie sich jeden zweiten Tag 30 bis 60 Minuten – das ist gut für den Stoffwechsel, den Kreislauf und die Figur.

2 Trinken Sie jeden Tag reichlich kalorienarme oder -freie Getränke. Zu besonderen Anlässen können Sie nach Rücksprache mit dem Arzt ein Glas Wein oder Sekt trinken. Meiden Sie insbesondere süße Alkoholika, Bier und Hochprozentiges wie Schnaps!

3 Ballaststoffe senken den Cholesterinspiegel! Um mehr Ballaststoffe aufzunehmen, probieren Sie einmal Gemüse und Kräuter als alternativen Brotbelag. Sie enthalten viele Ballaststoffe, Vitamine und Mineralien, aber kaum Fett. Auch Hülsenfrüchte sind echte Ballaststoffbomben. Wie wäre es mit einem süßsauren Linseneintopf oder einer leckeren Suppe aus weißen Bohnen? Auch mit Sojabohnen und daraus hergestellten Produkten lassen sich viele leckere Gerichte zaubern.

4 Bitten Sie Ihren Metzger, Wurst und Fleisch besonders dünn aufzuschneiden. Sie können auch an der Käsetheke darum bitten, die Scheiben sehr dünn zu schneiden. Damit nehmen Sie weniger Fett

und gesättigte Fettsäuren auf. Gulasch oder Geschnetzeltes können Sie mit Gemüse und sehr fein geschnittenem Fleisch, Fisch oder Geflügel „entschärfen".

5 Gekochte Roggen-, Weizen-, Dinkel- oder Hirsekörner sind eine gute Beilage zum Mittagessen. Vollkorngetreide ist gut für Darm und Stoffwechsel, denn es macht satt, ist kalorienarm und senkt den Cholesterinspiegel.

6 Essen Sie wie die Asiaten! In Asien sind Herz-Gefäß-Krankheiten seltener als in Deutschland. Das liegt unter anderem am Sojakonsum. Tofu wird aus Soja hergestellt und enthält colesterinspiegelsenkende Sojaproteine.

So schmeckt Tofu richtig gut: Legen Sie ihn am Vorabend in eine kräftige Marinade aus Kräutern, Gewürzen und wenig Rapsöl ein oder würzen Sie ihn mit frischen Kräutern und leckeren Gewürzen.

7 Fettreiche Fische wie Lachs, Hering und Makrele enthalten reichlich Omega-3-Fettsäuren, die den Triglyzeridspiegel senken.

8 Bevorzugen Sie bei Milch und Milchprodukten wie Joghurt stets die fettarmen Varianten mit 1,5 Prozent.

9 Sauermilchkäse (Harzer Käse oder Harzer Roller) ist sehr fettarm und enthält praktisch keine gesättigten Fettsäuren oder Cholesterin. Harzer Käse ist der fettärmste Käse überhaupt. Er eignet sich als Brotbelag und für die warme Küche und ist optimal zum Überbacken geeignet.

Fettarm ist auch Kochkäse, den Sie als Ersatz für fetten Schmelzkäse einsetzen können. Auch körniger Frischkäse und Magerquark sind fettarm.

10 Alle pflanzlichen Produkte sind cholesterinfrei. Essen Sie täglich reichlich pflanzliche Lebensmittel, z. B. eine Gemüseplatte zum Mittag. Dadurch nehmen Sie auch viele cholesterinspiegelsenkende Ballaststoffe und andere herzgesunde Vitalstoff auf.

10 Tipps für die fettarme Küche

1 Verwenden Sie überwiegend Raps-, Lein- oder Nussöle für Ihre Salate. Rapsöl ist auch zum Anbraten hervorragend geeignet.

2 Legen Sie immer einen Löffel bereit, um Öl zum Kochen bzw. für Salatsaucen abzumessen. Für eine Portion Fleisch oder Salatsauce benötigen Sie maximal einen Teelöffel Öl. Achten Sie dabei auf die Zubereitung in beschichteten Töpfen.

3 Bevorzugen Sie fettarme Zubereitungsmethoden wie Dünsten, Dämpfen, Braten im Wok oder im Römertopf, Schmoren oder Grillen.

4 Fleisch mit Fettrand kann ohne Fettzugabe in einer beschichteten Pfanne angebraten werden. Schneiden Sie den überbleibenden Fettrand nach dem Anbraten weg, so trocknet das Fleisch nicht aus.

5 Saucen lassen sich auch ohne Mehlschwitze binden. Kochen Sie einige Zwiebeln, Karotten, Lauch, Selleriestücke oder Kartoffeln mit und pürieren das Gemüse am Ende der Garzeit. Das gibt einen tollen Geschmack und bindet gleichzeitig die Sauce.

6 Saucen lassen sich leicht entfetten. Wenn die Sauce vorgekocht wird, lassen Sie diese kalt werden, das Fett setzt sich an der Oberfläche ab und lässt sich am nächsten Tag leicht entfernen.

7 Saucen oder Suppen können mit fettreduziertem Frischkäse oder mit Kondensmilch verfeinert werden. Diese bringen einen ähnlichen Geschmack wie Schlagsahne oder Crème fraîche, liefern aber deutlich weniger tierische Fette und Kalorien.

8 Fettarme Teige zum Backen sind der Hefe- oder der Mürbteig. Hefeteig kommt auch ohne Ei aus und benötigt nur wenig Fett. Hier können Sie auch ein hochwertiges Pflanzenöl einsetzten. Mürbteig ist eigentlich ein eher fetter Teig, allerdings lässt sich bei diesem Teig die Fettmenge auch durch Magerquark ersetzten. Eine leckere Sommertarte finden Sie auf Seite 190.

9 Backbleche müssen nicht gefettet werden. Legen Sie einfach Backpapier auf das Backblech, so lassen sich nochmals einige Kalorien und Fett einsparen.

10 Quarkdesserts lassen sich gut aus Magerquark herstellen. Verwenden Sie hierfür Magerquark und rühren mit einem Schneebesen kohlensäurehaltiges Mineralwasser unter den Quark. Dadurch wird der Quark cremig und kommt vom Geschmack dem Sahnequark sehr nahe.

Durch das Verfeinern mit kräftigen Aromen wie Zimt, Vanille und Zitronenschale fällt die magere Variante keinem auf. Rezepte dazu sind z. B. der Schwarzwälder-Kirsch-Becher auf Seite 182 oder die Limetten-Quark-Creme auf Seite 178.

Süßes Frühstück

Bircher Müsli mit Cranberries und Birne

Selbstgemacht besonders lecker

Zutaten für 2 Portionen

300 g Naturjoghurt, 1,5 % Fett
4 gehäufte EL Vollkornhaferflocken
1 EL Weizenkleie
½ TL Zimt
evtl. flüssiger Süßstoff
1 EL gehackte Mandeln
2 Birnen
2 TL Zitronensaft
2 TL Cranberries
300 ml Gläser Grapefruitsaft
300 ml Mineralwasser

Zubereitungszeit
20 Minuten
Quellzeit
12 Stunden

Eine Portion enthält
405 Kilokalorien/1693 Kilojoule
14 g Eiweiß
9 g Fett
63 g Kohlenhydrate
12 mg Cholesterin
9 g Ballaststoffe

Zubereitung

1| Den Joghurt, die Haferflocken, die Weizenkleie und den Zimt verrühren und über Nacht im Kühlschrank quellen lassen. Bei Bedarf mit etwas flüssigem Süßstoff süßen.

2| Die Mandeln ohne Fettzugabe in einer beschichteten Pfanne anrösten, bis sie aromatisch zu duften beginnen und anfangen zu bräunen. Aus der Pfanne herausnehmen und etwas abkühlen lassen.

3| Die Birnen waschen, halbieren, Kerngehäuse entfernen und Birnen in kleine Würfel schneiden. Sofort mit dem Zitronensaft beträufeln und zusammen mit den Cranberries unter das vorbereitet Müsli mischen. Mit den Mandeln bestreut servieren. Genießen Sie dazu eine Schorle aus Grapefruitsaft und Mineralwasser.

Tipp
Denken Sie daran, reichlich zu trinken, wenn Sie Ballaststoffkonzentrate wie Weizenkleie verzehren. Die quellende Wirkung dieser „Ballaststoffbomben" muss pro Esslöffel Kleie mit 250 ml Flüssigkeit unterstützt werden.

Mandel-Nuss-Müsli mit Zitrusfrüchten

Gelingt leicht, ballaststoffreich

Zutaten für 2 Portionen

- 2 EL gehackte Mandeln
- 2 EL gehackte Walnüsse oder andere Nüsse
- 2 gehäufte EL Vollkornhaferflocken
- 1 gehäufter EL Weizenkleie
- 1 Orange
- ½ Grapefruit
- 300 ml Kefir, 1,5 % Fett
- 500 ml Tee

Zubereitungszeit
10 Minuten

Garzeit
5 Minuten

Eine Portion enthält
354 Kilokalorien/1478 Kilojoule
14 g Eiweiß
16 g Fett
34 g Kohlenhydrate
9 mg Cholesterin
10 g Ballaststoffe

Zubereitung

1| Mandeln, Walnüsse, Haferflocken und Weizenkleie in einer beschichteten Pfanne ohne Fettzugabe anrösten, bis sie aromatisch zu duften beginnen. Herausnehmen und kurz abkühlen lassen.

2| Orange und Grapefruit schälen und in kleine Stücke schneiden. Obst und abgekühlte Nuss-Flocken-Mischung unter den Kefir mengen und sofort servieren. Trinken Sie dazu ausreichend Tee.

Fitness-Frühstück

Gut vorzubereiten, Ballaststoffbombe

Zutaten für 2 Portionen

2 Pfirsiche
100 g Brombeeren
100 g Heidelbeeren
50 ml frisch gepresster Orangensaft
4 EL Vollkornflocken
2 EL Walnüsse
4 TL Flohsamenschalen (10 g)
1 Msp. Zimt
200 g körniger Frischkäse, fettreduziert
500 ml Tee

Zubereitungszeit
15 Minuten

Eine Portion enthält
368 Kilokalorien/1854 Kilojoule
20 g Eiweiß
13 g Fett
40 g Kohlenhydrate
16 mg Cholesterin
13 g Ballaststoffe

Zubereitung

1| Pfirsiche waschen, halbieren, Steine entfernen und das Fruchtfleisch in kleine Stücke schneiden.
2| Beeren vorsichtig waschen, eventuell entkelchen und mit den Pfirsichstücken und dem Orangensaft vermischen.
3| In einer beschichten Pfanne ohne Fettzugabe Flocken und Nüsse rösten. Herausnehmen und kurz abkühlen lassen. Mit dem Flohsamen und Zimt vermengen.
4| Obst auf zwei Tellern anrichten, den Frischkäse jeweils in die Mitte setzen und die vorbereiteten Nüsse und Flocken darüberstreuen. Trinken Sie dazu ausreichend Tee.

Tipp
Flohsamenschalen sind die Samenschalen der Pflanze Plantagoovata. Sie sind im Handel unter dem Namen „indische Flohsamenschalen" erhältlich. Beachten Sie auch bei diesem Ballaststoffpräparat, dass Sie ausreichend Flüssigkeit dazu trinken. Pro Portion Flohsamenschalen mindestens 250 ml Flüssigkeit.

Knuspermüsli mit Cranberries

Selbstgemacht besonders lecker

Zutaten für 4 Portionen

150 g Vollkornhaferflocken
6 EL Mandelblättchen
1 gehäufter EL Pinienkerne
1 gehäufter EL Walnüsse
1 TL gemahlener Zimt
3 EL flüssiger Honig
3 EL Rapsöl
2 gehäufter EL getr. Cranberries

Zubereitungszeit
5 Minuten
Garzeit
25–30 Minuten

Eine Portion enthält
275 Kilokalorien/1151 Kilojoule
6 g Eiweiß
16 g Fett
28 g Kohlenhydrate
0 mg Cholesterin
3 g Ballaststoffe

Zubereitung

1| Den Backofen auf 175 °C (Ober- und Unterhitze) vorheizen.
2| Haferflocken, Mandelblättchen, Pinienkerne, Walnüsse, Zimt, Honig und Öl in einer Schüssel mischen. Auf ein mit Backpapier belegtes Blech geben und ausbreiten.
3| Im vorgeheizten Ofen unter gelegentlichem Wenden 25–30 Minuten rösten. Vollständig auskühlen lassen. Zuletzt die Cranberries untermischen.

Küchentipp
Das Müsli hält sich luftdicht verschlossen etwa 1 bis 2 Wochen.

Süßes Frühstück

Porridge mit Himbeeren

Preiswert

Zutaten für 2 Portionen

6 gehäufte EL Vollkornhaferflocken
½ l Wasser
½ TL Zimt
2 Gewürznelken
1 Msp. Piment
2 TL brauner Zucker
2 gehäufte EL Rosinen
200 ml Milch, 1,5 % Fett
200 g Himbeeren

Zubereitungszeit
10 Minuten
Garzeit
20 Minuten

Eine Portion enthält
273 Kilokalorien /1140 Kilojoule
9 g Eiweiß
4 g Fett
47 g Kohlenhydrate
6 mg Cholesterin
9 g Ballaststoffe

Zubereitung

1| Haferflocken, Wasser und Gewürze zum Kochen bringen. Bei schwacher Hitze ca. 15 Minuten quellen lassen. Die Rosinen zufügen und weitere 5 Minuten quellen lassen.
2| Die Nelken entfernen und den Zucker unterrühren. Milch erhitzen und unter den Getreidebrei rühren.
3| Die Beeren vorsichtig waschen, eventuell entkelchen und zu dem Porridge genießen.

Tipp

Beerenfrüchte sind ballaststoffreich, probieren Sie auch einmal Brombeeren oder Heidelbeeren zu diesem leckeren Porridge.

26 Süßes Frühstück

Smoothie süßsauer

Gelingt leicht

Zutaten für 2 Portionen

1 Grapefruit
1 Banane
100 g Heidelbeeren
150 g Naturjoghurt, 1,5 % Fett
2 gehäufte EL Vollkornhaferflocken
1 EL flüssiger Honig

Zubereitungszeit
10 Minuten

Eine Portion enthält
332 Kilokalorien/1386 Kilojoule
8 g Eiweiß
3 g Fett
61 g Kohlenhydrate
4 mg Cholesterin
6 g Ballaststoffe

Zubereitung

1| Grapefruits so schälen, dass die weiße Haut vollständig entfernt wird. Filets zwischen den Trennhäuten herausschneiden, Saft dabei auffangen. Trennhäute gut ausdrücken.
2| Banane schälen, in Stücke teilen und mit Heidelbeeren, Grapefruitfilets und -saft in einen Mixer geben.
3| Joghurt, Haferflocken und Honig zugeben und alles kräftig durchmixen.

Tipp
Menschen mit erhöhten Blutfettwerten (Triglyzeriden) sollten Honig durch einige Spritzer flüssigen Süßstoff ersetzen.

Sommer-Ingwer-Lassi

Geht schnell

Zutaten für 2 Portionen

1 kleines Stück Ingwer (ca. 20 g)
2 EL Orangensaft
300 g reife Erdbeeren
250 g Naturjoghurt, 1,5 % Fett
100 ml kaltes Mineralwasser
2 TL Flohsamenschalen
2 Zweige Pfefferminze

Zubereitungszeit
15 Minuten

Eine Portion enthält
117 Kilokalorien/489 Kilojoule
6 g Eiweiß
3 g Fett
15 g Kohlenhydrate
6 mg Cholesterin
5 g Ballaststoffe

Zubereitung

1| Ingwer schälen, sehr fein hacken und mit dem Orangensaft vermengen.
2| Erdbeeren vorsichtig waschen, entkelchen, halbieren und vierteln.
3| Ingwer-Orangensaft, Erdbeeren, Joghurt, Mineralwasser und Flohsamenschalen in ein hohes Gefäß oder ein Mixglas geben. Mit einem Pürierstab oder im Mixer sehr fein pürieren und in zwei hohe Gläser füllen.
4| Pfefferminze waschen, trocknen und Glas damit garnieren.

Tipp
Wenn es morgens mal schnell gehen muss, starten Sie mit diesem leckeren Lassi vitamin- und ballaststoffreich in den Tag, bei gleichzeitig wenig Cholesterin und Fett.

30 Süßes Frühstück

Herzhafte Brotmahlzeit

Küstenfrühstück

Geht schnell

Zutaten für 2 Portionen

2 Vollkornbrötchen
2 EL Meerrettich
4 Scheiben Räucherlachs (ca. 80 g)
½ Beet Kresse
1 TL Zitronensaft
2 Grapefruits
einige Spritzer flüssiger Süßstoff

Zubereitungszeit
10 Minuten

Eine Portion enthält
383 Kilokalorien/1600 Kilojoule
15 g Eiweiß
12 g Fett
48 g Kohlenhydrate
15 mg Cholesterin
0,4 g Omega-3-Fettsäuren
5 g Ballaststoffe

Zubereitung

1| Vollkornbrötchen aufschneiden, Meerrettich darauf verteilen. Lachsscheiben auf die Brötchenhälften legen und mit Zitronensaft beträufeln. Kresse waschen und auf dem Lachs verteilen.

2| Grapefruits halbieren und mit etwas Süßstoff beträufeln.

Apfel-Quark-Brot mit Pfiff

Geht schnell, preiswert

Zutaten für 2 Portionen

125 g Quark, Magerstufe
1 Schuss Mineralwasser
1 TL Meerrettich
2 TL Schnittlauchröllchen
Salz, Pfeffer
1 Apfel
1 EL Zitronensaft
2 Scheiben Sonnenblumen-vollkornbrot

Zubereitungszeit
15 Minuten

Eine Portion enthält
202 Kilokalorien/843 Kilojoule
13 g Eiweiß
2 g Fett
31 g Kohlenhydrate
1 mg Cholesterin
7 g Ballaststoffe

Zubereitung

1| Quark und Mineralwasser mit einem Schneebesen glatt rühren. Mit Meerrettich, Schnittlauch, Salz und Pfeffer abschmecken.
2| Apfel waschen, trocknen, halbieren, entkernen und Apfelhälften in schmale Stifte schneiden.
3| Apfelstifte sofort mit Zitronensaft beträufeln.
4| Brote mit dem Meerrettichquark bestreichen und mit Apfelstiften belegt servieren.

Herzhafte Brotmahlzeit

Avocado-Apfel-Brot

Mit herzhaftem Dinkelvollkorn

Zutaten für 2 Portionen

2 große Scheiben Dinkelvollkornbrot
1 reife Avocado
1 Apfel
2 EL Zitronensaft
2 EL Frischkäse, fettreduziert
Salz, Pfeffer
2 EL Kresse

Zubereitungszeit
ca. 20 Minuten

Eine Portion enthält
457 Kilokalorien/1908 Kilojoule
11 g Eiweiß
32 g Fett
32 g Kohlenhydrate
15 mg Cholesterin
10 g Ballaststoffe

Zubereitung

1| Das Brot im Toaster knusprig toasten. Die Avocado schälen, entsteinen, ein Viertel des Fruchtfleischs in Spalten schneiden und beiseite legen. Den Apfel waschen, halbieren, das Kerngehäuse herausschneiden und die Apfelhälften in schmale Spalten schneiden. Apfel- und Avocadospalten mit der Hälfte des Zitronensafts beträufeln.

2| Die restliche Avocado mit der Gabel nicht zu fein zerdrücken. Den restlichen Zitronensaft und Frischkäse untermischen und mit Salz und Pfeffer kräftig würzen.

3| Den Aufstrich auf die Brotscheiben streichen. Die Apfel- und Avocadospalten zusammen mit der Kresse auf den Brotscheiben verteilen und gleich genießen.

Quarkbrot mit Karotten-Apfel-Salat

Preiswert

Zutaten für 2 Portionen

3 gehäufte EL Quark, Magerstufe
1 Schuss Mineralwasser
2 TL gehackter Schnittlauch
Salz, Pfeffer
1 Karotte
1 Apfel
2 TL Walnussöl
2 TL Zitronensaft
2 TL gehackte Walnüsse
2 Scheiben Vollkornbrot, z. B. Weizen

Zubereitungszeit
20 Minuten

Eine Portion enthält
273 Kilokalorien/1143 Kilojoule
12 g Eiweiß
10 g Fett
32 g Kohlenhydrate
1 mg Cholesterin
8 g Ballaststoffe

Zubereitung

1| Quark und Mineralwasser mit einem Schneebesen glatt rühren. Schnittlauch, Salz und Pfeffer zugeben und kräftig abschmecken.

2| Karotte und Apfel waschen und putzen. Karotte schälen und auf einer Küchenreibe grob raspeln. Apfel halbieren, entkernen und ebenfalls auf der Küchenreibe grob raspeln. Sofort mit der Hälfte des Zitronensafts beträufeln.

3| Aus dem restlichen Zitronensaft, Öl, Salz und Pfeffer ein Dressing herstellen und Karotten- und Apfelraspel damit vermengen.

4| Die beiden Brotscheiben mit dem Schnittlauchquark bestreichen und die Karotten-Apfel-Raspel darüber verteilen.

Toast à la Kreta

Geht schnell

Zutaten für 2 Portionen

½ Vollkornbaguette (ca. 180 g)
2 mittelgroße Tomaten
1 kleine blaue Zwiebel
2 EL schwarze, entsteinte Oliven
1 EL Balsamicoessig
Pfeffer
1 Handvoll Basilikumblätter
80 g Schafskäse, fettreduziert

Zubereitungszeit
25 Minuten
Garzeit
10–15 Minuten

Eine Portion enthält
346 Kilokalorien/1448 Kilojoule
15 g Eiweiß
10 g Fett
42 g Kohlenhydrate
18 mg Cholesterin
7 g Ballaststoffe

Zubereitung

1| Backofen auf Grillfunktion einstellen. Baguette schräg in 4 cm dicke Scheiben schneiden (ergibt ca. 6 Scheiben). Auf einer Seite unter dem heißen Grill goldbraun rösten. Brote herausnehmen und auf der ungetoasteten Seite das Brot etwas aushöhlen.
2| Tomaten waschen, halbieren, Strunk herausschneiden und Tomaten in kleine Würfel schneiden. Zwiebel schälen und ebenfalls fein würfeln. Oliven grob hacken. Tomaten, Zwiebel und Oliven vermischen und mit Essig und etwas Pfeffer würzen.
3| Basilikumblätter waschen, in feine Streifen schneiden und unter die Tomatenmischung mengen. Tomatenmasse in die ausgehöhlten Brote füllen. Schafskäse zerbröckeln und über die Brote streuen.
4| Unter dem heißen Grill solange backen bis die Oberfläche goldbraun ist.

Bärlauch-Frischkäse-Brötchen

Geht schnell

Zutaten für 2 Portionen

2 gehäufte EL Frischkäse, fettreduziert
2 EL Quark, Magerstufe
1 Schuss Mineralwasser
1 Handvoll frischer Bärlauch
Salz, Pfeffer
4 Radieschen
2 Vollkornbrötchen, z. B. Dinkel

Zubereitungszeit
10 Minuten

Eine Portion enthält
249 Kilokalorien/1040 Kilojoule
13 g Eiweiß
9 g Fett
28 g Kohlenhydrate
23 mg Cholesterin
5 g Ballaststoffe

Zubereitung

1| Frischkäse, Quark und Mineralwasser mit einem Schneebesen glatt rühren.
2| Bärlauch waschen, verlesen, trocknen und in schmale Streifen schneiden. Unter den Frischkäse rühren und mit Salz und Pfeffer abschmecken. Radieschen waschen, putzen und in schmale Scheiben schneiden.
3| Brötchen aufschneiden und mit Frischkäse bestreichen. Radieschenscheiben als Garnitur auf die Brötchenhälften legen und gleich servieren.

Ziegenkäse-Crostini

Mit marinierten Cocktailtomaten

Zutaten für 2 Portionen

- 4 Vollkorn-Baguettescheiben (ca. 100 g)
- 1 Knoblauchzehe
- 1½ EL Rapsöl
- 2 Scheiben Ziegenkäse (ca. 60 g)
- 1 EL Balsamicoessig
- 1 TL Akazienhonig
- Salz, Pfeffer
- 1 Spritzer Tabasco
- 10 Cocktailtomaten
- 1 Handvoll Basilikumblätter

Zubereitungszeit
20 Minuten

Garzeit
12 Minuten

Eine Portion enthält
305 Kilokalorien/1275 Kilojoule
9 g Eiweiß
18 g Fett
25 g Kohlenhydrate
14 mg Cholesterin
4 g Ballaststoffe

Zubereitung

1| Backofen auf 220 °C (Ober- und Unterhitze) vorheizen.
2| Baguettescheiben auf ein Backblech setzen, Knoblauchzehe halbieren und Baguettescheiben mit den halbierten Knoblauchzehen abreiben. 1 Esslöffel Öl auf den Brotscheiben verteilen. Käsescheiben halbieren und auf die vorbereiteten Brotscheiben legen. Im heißen Ofen ca. 10–12 Minuten backen.
3| Knoblauch fein hacken und mit restlichem Öl, Essig, Honig, Salz, Pfeffer und Tabasco zu einem Dressing verrühren.
4| Tomaten waschen, Strunk entfernen und Tomaten halbieren. Tomaten mit dem Dressing vermengen. Basilikumblätter waschen, trocknen und in feine Streifen schneiden. Tomaten mit den Basilikumstreifen vermengen und zu den Crostinis servieren.

Puten-Gurken-Wrap

Mit Gorgonzolacreme

Zutaten für 2 Portionen

120 g Gurke
30 g Gorgonzola
4 gehäufte EL Naturjoghurt, 1,5 % Fett
1 gehäufter EL gehackte Petersilie
Pfeffer
4 Blätter Salat, z. B. Radicchio oder Lollo rosso
2 Scheiben Putenschinken, ohne Fettrand
2 dünne Fladenbrote oder Weizentortillas

Zubereitungszeit
20 Minuten

Eine Portion enthält
232 Kilokalorien/969 Kilojoule
15 g Eiweiß
9 g Fett
20 g Kohlenhydrate
34 mg Cholesterin
2 g Ballaststoffe

Zubereitung

1| Gurke waschen, putzen und in schmale Stifte schneiden.
2| Gorgonzola mit einer Gabel grob zerdrücken und mit dem Joghurt verrühren. Petersilie und Pfeffer zugeben und abschmecken.
3| Salatblätter putzen, waschen und trocknen.
4| Fladenbrote oder Tortillas nach Belieben kurz in der Mikrowelle erwärmen. Gorgonzolacreme auf den Broten verstreichen, Salatblätter, Schinken und Gurkensticks darauf verteilen. Seiten einklappen und Tortilla aufrollen.

Herzhafte Brotmahlzeit

Forellenbrot mit Radieschen

Geht schnell

Zutaten für 2 Portionen

4 Scheiben Weizenvollkornbrot
2 TL Diätmargarine
2 Forellenfilets (à ca. 70 g)
2 TL Meerrettich
10 Radieschen
1 EL gehackter Schnittlauch

Zubereitungszeit
10 Minuten

Eine Portion enthält
336 Kilokalorien/1402 Kilojoule
23 g Eiweiß
10 g Fett
38 g Kohlenhydrate
41 mg Cholesterin
10 g Ballaststoffe

Zubereitung

1| Brot mit Margarine bestreichen. Forellenfilets auf den Brotscheiben verteilen und mit Meerrettich bestreichen.

2| Radieschen putzen, waschen, trocknen und in schmale Scheiben schneiden. Schnittlauch über die Radieschen streuen und zu den Forellenbroten servieren.

Heringsbrötchen mit Gurken-Apfel-Würfeln

Gelingt leicht

Zutaten für 2 Portionen

2 kleine Essiggurken
1 roter Apfel
1 EL Zitronensaft
½ kleine blaue Zwiebel
1 TL Rapsöl
Salz, Pfeffer
2 Vollkornbrötchen mit Sonnenblumenkernen
2 TL Diätmargarine
1–2 Heringsfilets (ca. 120 g)

Zubereitungszeit
25 Minuten

Eine Portion enthält
349 Kilokalorien/1457 Kilojoule
15 g Eiweiß
16 g Fett
34 g Kohlenhydrate
50 mg Cholesterin
1,2 g Omega-3-Fettsäuren
6 g Ballaststoffe

Zubereitung

1| Gurken in kleine Würfel schneiden. Apfel waschen, trocknen, halbieren, Strunk und Kerngehäuse entfernen und Apfelhälften ebenfalls in kleine Würfel schneiden. Apfelwürfel sofort mit Zitronensaft beträufeln.
2| Zwiebel schälen und in feine Würfel schneiden. Öl, Salz und Pfeffer mit den vorbereiteten Zutaten vermengen.
3| Brötchen aufschneiden und zwei Brötchenhälften mit der Margarine bestreichen. Heringsfilet auf eine Brötchenhälften legen und mit der Gurken-Apfel-Masse garnieren. Zweite Brötchenhälfte darüber legen.

Frankfurter Kräuterquarkbrot

Gelingt leicht

Zutaten für 2 Portionen

250 g Quark, Magerstufe
2–3 EL Mineralwasser
½ Bund Kräuter für Frankfurter Grüne Sauce
1 EL Weißweinessig
Salz, Pfeffer
4 Scheiben Dinkelvollkornbrot

Zubereitungszeit
10 Minuten

Eine Portion enthält
289 Kilokalorien/1206 Kilojoule
24 g Eiweiß
1 g Fett
43 g Kohlenhydrate
1 mg Cholesterin
9 g Ballaststoffe

Zubereitung

1| Quark und Mineralwasser vermengen und mit einem Schneebesen glatt rühren. Kräuter waschen, trocknen, Blättchen von den Stengeln zupfen und Kräuter fein hacken. Kräuter unter den Quark rühren und mit Essig, Salz und Pfeffer kräftig abschmecken.

2| Quark auf den Brotscheiben verteilen und gleich servieren.

Tipp

Frankfurter Grüne Sauce besteht aus folgenden Kräutern: Borretsch, Kerbel, Kresse, Petersilie, Pimpinelle, Sauerampfer und Schnittlauch. Oft sind diese Kräuter schon fertig abgepackt beim Gemüsehändler erhältlich.

Wraps „California"

Geht schnell

Zutaten für 2 Portionen

4 dünne Fladenbrote oder Weizentortillas
2 EL Frischkäse, fettreduziert
2 Scheiben gekochter Schinken (ca. 60 g), ohne Fettrand
2 Scheiben Edamer, 30 % Fett i. Tr. (ca. 60 g)
1 Karotte
100 g Gurke
½ gelbe Paprikaschote
einige Eisbergsalatblätter

Zubereitungszeit
20 Minuten

Eine Portion enthält
386 Kilokalorien/1615 Kilojoule
24 g Eiweiß
14 g Fett
38 g Kohlenhydrate
44 mg Cholesterin
4 g Ballaststoffe

Zubereitung

1| Fladenbrote oder Weizentortillas mit Frischkäse bestreichen. Schinken- und Käsescheiben halbieren.
2| Karotte, Gurke und Paprikaschote waschen und putzen. Karotte schälen und zusammen mit Gurke und Paprika in schmale Streifen schneiden. Eisbergsalatblätter waschen und trocknen
3| Salatblätter, Schinken, Käse und Gemüsestreifen auf den vorbereiteten Fladenbroten verteilen. Zwei gegenüberliegende Seiten etwas einklappen und die Fladenbrote von der nicht eingeklappten Seite her fest aufrollen.

Tomaten-Roastbeef-Brot

Etwas teurer

Zutaten für 2 Portionen

16 Cocktailtomaten
3 Zweige Basilikum
4 EL körniger Frischkäse, fettreduziert
Salz, Pfeffer
4 Scheiben Roggenvollkornbrot
4 dünne Scheiben Roastbeef

Zubereitungszeit
10 Minuten

Eine Portion enthält
303 Kilokalorien/1267 Kilojoule
24 g Eiweiß
4 g Fett
41 g Kohlenhydrate
36 mg Cholesterin
9 g Ballaststoffe

Zubereitung

1| Tomaten waschen, trocknen und halbieren. Basilikumblätter abzupfen, waschen und in schmale Streifen schneiden. Frischkäse mit Salz, Pfeffer und Basilikumstreifen würzen.
2| Brote mit Frischkäse bestreichen, Roastbeefscheiben und Tomatenhälften darauf verteilen.

48 Herzhafte Brotmahlzeit

Handkäs mit „Apfelmusik"

Preiswert

Zutaten für 2 Portionen
1 EL Apfelessig
1 EL Walnussöl
1 TL Ahornsirup oder flüssiger Honig
Salz, Pfeffer
2 EL gehackter Schnittlauch
1 kleine blaue Zwiebel
1 roter Apfel
150 g Harzer Käse
2 Vollkornbrötchen mit Kürbiskernen

Zubereitungszeit
15 Minuten

Eine Portion enthält
355 Kilokalorien/1484 Kilojoule
28 g Eiweiß
11 g Fett
34 g Kohlenhydrate
2 mg Cholesterin
6 g Ballaststoffe

Zubereitung
1| Aus Essig, Öl, Ahornsirup oder Honig, Salz, Pfeffer und Schnittlauch ein Dressing herstellen.
2| Zwiebel schälen und in feine Würfel schneiden. Apfel waschen, trocknen, halbieren, Strunk und Kerngehäuse entfernen. Apfelhälften in kleine Würfel schneiden und zusammen mit den Zwiebelwürfeln mit dem Dressing vermengen.
3| Harzer Käse in schmale Scheiben schneiden, Apfel-Zwiebel-Dressing darüber gießen und mit den Brötchen servieren.

Tipp
Patienten mit Fettstoffwechselstörungen sollten den Honig aus der Zutatenliste streichen und stattdessen etwas flüssigen Süßstoff verwenden.

Lachsburger selbstgemacht

Gut vorzubereiten, braucht etwas mehr Zeit

Zutaten für 2 Portionen

½ Scheibe Toastbrot
1 Zweig Petersilie
2 Frühlingszwiebeln
250 g geräucherter Lachs
2 EL Paniermehl
½ Ei
Salz, Pfeffer
1 kleine Essiggurke
3 EL Naturjoghurt, 1,5 % Fett
1 TL Senf
1 TL Zitronensaft
1 TL gehackter Dill
2 Vollkornbrötchen
einige Eisbergsalatblätter
1 kleine Tomate
1 EL Sojaöl

Zubereitungszeit
40 Minuten
Kühlzeit
20 Minuten
Garzeit
10 Minuten

Eine Portion enthält
517 Kilokalorien/2161 Kilojoule
35 g Eiweiß
20 g Fett
47 g Kohlenhydrate
107 mg Cholesterin
1,3 g Omega-3-Fettsäuren
6 g Ballaststoffe

Zubereitung

1| Toastbrot in warmem Wasser einweichen. Petersilie waschen, trocknen, Blättchen abzupfen und fein hacken. Frühlingszwiebeln waschen, putzen, trocknen und in feine Scheiben schneiden. Lachs sehr fein würfeln.

2| Brot ausdrücken und mit Petersilie, Frühlingszwiebeln, Lachs, Ei, Paniermehl, Salz und Pfeffer vermengen. Masse mit angefeuchteten Händen zu zwei Buletten formen und 20 Minuten kalt stellen.

3| Essiggurke in feine Würfel schneiden. Aus Joghurt, Senf, Zitronensaft und Dill eine Sauce herstellen. Essiggurken unterrühren und mit Salz und Pfeffer abschmecken.

4| Brötchen halbieren. Salatblätter waschen, putzen und trocknen. Tomate waschen, trocknen, halbieren, Strunk herausschneiden und Tomatenhälften in schmale Scheiben schneiden.

5| Öl in einer beschichteten Pfanne erhitzen und vorbereitete Lachsfrikadellen darin von beiden Seiten 4–5 Minuten bei mittlerer Hitze kross anbraten.

6| Jeweils zwei Brötchenhälften mit der Joghurtsauce bestreichen, Salatblätter und Tomatenscheiben auf die vorbereiteten Brötchenhälften legen. Lachsfrikadelle darauf setzen und restliche Brötchenhälften darauflegen.

Snacks und Vorspeisen

Gratinierte blaue Zwiebeln

Preiswert

Zutaten für 2 Portionen

2 mittelgroße blaue Zwiebeln
1 EL körniger Senf
1 EL Honig
1 EL Rotweinessig
1 EL Rapsöl

Zubereitungszeit
15 Minuten
Garzeit
40 Minuten

Eine Portion enthält
126 Kilokalorien/528 Kilojoule
1 g Eiweiß
8 g Fett
11 g Kohlenhydrate
0 mg Cholesterin
1 g Ballaststoffe

Zubereitung

1| Backofen auf 220 °C (Ober- und Unterhitze) vorheizen.
2| Zwiebeln schälen, die Enden unversehrt lassen, damit die Lagen nicht auseinanderfallen. Zwiebeln achteln und in eine feuerfeste Auflaufform geben.
3| Senf, Honig, Essig und Öl verrühren und die Zwiebeln damit einpinseln. Form mit Alufolie abdecken und die Zwiebeln im heißen Ofen 20 Minuten backen. Folie abnehmen und weitere 20 Minuten backen, bis die Zwiebeln weich und karamellisiert sind.

Lachsröllchen

Geht schnell

Zutaten für 2 Portionen

4 Stangen Staudensellerie
4 Zweige Dill
1 TL Meerrettich
1 gehäufter EL Frischkäse, fettreduziert
4 Scheiben Räucherlachs (ca. 80 g)

Zubereitungszeit
15 Minuten

Eine Portion enthält
106 Kilokalorien/442 Kilojoule
10 g Eiweiß
6 g Fett
2 g Kohlenhydrate
26 mg Cholesterin
0,4 g Omega-3-Fettsäuren
1 g Ballaststoffe

Zubereitung

1| Selleriestangen waschen, trocknen, putzen und in schmale Streifen schneiden. Dill waschen, trocknen und Dillspitzen abzupfen. Meerrettich mit Frischkäse verrühren und auf die Lachsscheiben streichen.
2| Selleriestreifen auf den Lachsscheiben verteilen und aufrollen. Lachsrollen in Dillspitzen wenden.

Snacks und Vorspeisen 53

Gebratene Zucchinischeiben

Preiswert

Zutaten für 2 Portionen

1 mittelgroße Zucchini
1 Knoblauchzehe
1 Zweig Rosmarin
1 Zweig Thymian
Salz, Pfeffer
2 EL Rapsöl

Zubereitungszeit
15 Minuten
Marinierzeit
30 Minuten
Garzeit
10 Minuten

Eine Portion enthält
151 Kilokalorien/633 Kilojoule
2 g Eiweiß
15 g Fett
2 g Kohlenhydrate
0 mg Cholesterin
1 g Ballaststoffe

Zubereitung

1| Zucchini waschen, putzen und in ca. 1,5 cm breite Scheiben schneiden. Knoblauch schälen und fein würfeln. Kräuter waschen, trocknen, Rosmarinnadeln und Thymianblättchen abzupfen und fein hacken. Zucchinischeiben mit Knoblauch, Kräutern, Salz und Pfeffer in einer Schüssel vermengen und ca. 30 Minuten stehen lassen.

2| Öl in einer beschichteten Pfanne erhitzen und die Zucchinischeiben darin bei mittlerer Hitze von beiden Seiten goldbraun braten.

Tipp
Falls Sie eine Grillpfanne besitzen, eignet sich diese auch gut für die Zubereitung der Zucchinischeiben. Beim Braten in der Grillpfanne erhalten die Zucchinischeiben eine schöne Bräunung, wie vom Grillrost. Im Sommer lassen sich die Zucchinischeiben gut auf den Grill legen.

Ampel-Sticks

Gelingt leicht, sieht schön aus

Zutaten für 2 Portionen

100 g Cocktailtomaten
100 g Schnittkäse, 40 % Fett i. Tr.
100 g grüne Weintrauben
2 Vollkornbrötchen

Zubereitungszeit
15 Minuten

Eine Portion enthält
277 Kilokalorien/1119 Kilojoule
15 g Eiweiß
11 g Fett
27 g Kohlenhydrate
24 mg Cholesterin
4 g Ballaststoffe

Zubereitung

1| Tomaten und Trauben waschen. Käse in Würfel schneiden.
2| Zuerst Traube, danach Käsewürfel und zuletzt eine Cocktailtomate auf Zahnstocher bzw. kleine Spießchen stecken. Aus restlichen Zutaten weitere Spieße herstellen und zusammen mit den zwei Brötchen genießen.

Gratinierter Spargel mit Mozzarella

Gelingt leicht

Zutaten für 2 Portionen

500 g grüner Spargel
einige Stiele Estragon
Salz, Pfeffer
1 EL Rapsöl
60 g Mozzarella, fettreduziert

Zubereitungszeit
20 Minuten
Garzeit
20 Minuten

Eine Portion enthält
181 Kilokalorien/755 Kilojoule
10 g Eiweiß
14 g Fett
3 g Kohlenhydrate
14 mg Cholesterin
3 g Ballaststoffe

Zubereitung

1| Backofen auf 220 °C (Ober- und Unterhitze) vorheizen.
2| Spargel waschen, trocknen, unteres Drittel der Spargelstangen schälen, Spargelende ca. 1 cm breit abschneiden. Spargelstangen in ca. 10 cm lange Stücke schneiden.
3| Estragon waschen, trocknen, Blättchen abzupfen und mit Salz, Pfeffer und Öl vermengen. Spargelstücke mit dem Kräuteröl vermengen und in eine feuerfeste Auflaufform geben. Käse in grobe Stücke schneiden und über dem Spargel verteilen.
4| 20 Minuten im heißen Ofen überbacken.

Paprika-Mozzarellakugeln

Geht schnell, ballaststoffreich

Zutaten für 2 Portionen

8 kleine Mozzarellakugeln
  (à ca. 8 g), fettreduziert
10 g rote Paprikaschote
10 g gelbe Paprikaschote
10 g grüne Paprikaschote
1 TL gehackte Petersilie
4 Pumpernickelscheiben
  (ca. 140 g)

Zubereitungszeit
15 Minuten

Eine Portion enthält
214 Kilokalorien/894 Kilojoule
11 g Eiweiß
5 g Fett
27 g Kohlenhydrate
14 mg Cholesterin
7 g Ballaststoffe

Zubereitung

1| Mozzarella abtropfen lassen. Paprikastücke waschen, trocknen, evtl. Kerne oder Samenwände entfernen und Paprikastücke in sehr kleine Würfel schneiden. Paprikawürfel mit Petersilie vermengen und Mozzarellakugeln darin wenden.
2| Mozzarellakugeln auf den Pumpernickelscheiben verteilen und servieren.

Gefüllte Ricottatomaten

Gut vorzubereiten

Zutaten für 2 Portionen

2 Fleischtomaten
1 EL entsteinte schwarze Oliven
½ Knoblauchzehe
¼ Bund Schnittlauch
¼ Bund Basilikum
1 Frühlingszwiebel
100 g Ricotta
Salz, Cayennepfeffer

Zubereitungszeit
20 Minuten

Eine Portion enthält
130 Kilokalorien/544 Kilojoule
6 g Eiweiß
10 g Fett
4 g Kohlenhydrate
29 mg Cholesterin
2 g Ballaststoffe

Zubereitung

1| Tomaten waschen und trocken tupfen. Tomaten vom Strunk befreien, einen Deckel abschneiden und Tomate aushöhlen.
2| Oliven hacken. Den Knoblauch schälen und durchpressen. Den Schnittlauch waschen, trocken tupfen und in feine Röllchen schneiden. Die Basilikumzweige waschen, trocken tupfen, die Blättchen abzupfen und fein schneiden. Die Frühlingszwiebel waschen, trocknen, putzen und in sehr feine Ringe schneiden.
3| Oliven, Knoblauch, Zwiebel und Kräuter mit Ricotta, Salz und Cayennepfeffer verrühren. Die Masse in die Tomaten füllen und gleich servieren.

Serviertipp
Sehr gut schmeckt dazu getoastetes Ciabatta, das Sie zuvor mit einer halbierten Knoblauchzehe eingerieben haben.

Küstenkanapees

Für Matjes-Fans

Zutaten für 2 Portionen

70 g Matjesfilet
½ kleine Zwiebel
2 Zweige Dill
1 EL Apfelmus
1 TL Dijonsenf
1 TL Apfelessig
1 Kornspitz oder Vollkornstange

Zubereitungszeit
15 Minuten

Eine Portion enthält
206 Kilokalorien/860 Kilojoule
10 g Eiweiß
9 g Fett
20 g Kohlenhydrate
50 mg Cholesterin
1 g Omega-3-Fettsäuren
3 g Ballaststoffe

Zubereitung

1| Matjesfilet unter kaltem Wasser abspülen und in ca. 1 cm lange Stücke schneiden. Zwiebel schälen und fein würfeln. Dill waschen, trocknen und fein hacken.
2| Aus Apfelmus, Senf und Essig ein Dressing herstellen, vorbereitete Zutaten untermengen und gut verrühren.
3| Kornspitz oder Vollkornstange in schräge Scheiben schneiden und Matjesstücke darauf verteilen.

Lachs-Mais-„Tartar" auf Apfelscheiben

Gelingt leicht

Zutaten für 2 Portionen

80 g Räucherlachs
2 EL Mais
2 Zweige Dill
1 gehäufter EL saure Sahne, 10 % Fett
1 EL Zitronensaft
Salz, Pfeffer
1 Apfel

Zubereitungszeit
15 Minuten

Eine Portion enthält
124 Kilokalorien/518 Kilojoule
9 g Eiweiß
5 g Fett
10 g Kohlenhydrate
22 mg Cholesterin
0,4 g Omega-3-Fettsäuren
2 g Ballaststoffe

Zubereitung

1| Lachs in schmale Streifen schneiden. Mais gut abtropfen lassen. Dill waschen, trocknen und fein hacken. Aus saurer Sahne, einem Spritzer Zitronensaft, Dill, Salz und Pfeffer ein Dressing herstellen. Lachs und Maiskörner untermengen.

2| Apfel waschen, trocknen, Kerngehäuse entfernen und den Apfel in Scheiben schneiden. Apfelscheiben sofort mit restlichem Zitronensaft beträufeln und Lachs-Mais-Masse darauf verteilen.

Gurken-Schafskäse-Spieße

Gut vorzubereiten

Zutaten für 2 Portionen

½ Salatgurke
1 EL Olivenöl
1 EL weißer Balsamicoessig
4 Zweige Dill
Salz, Pfeffer
6 Perlzwiebeln
80 g Schafskäse, fettreduziert

Zubereitungszeit
15 Minuten
Marinierzeit
20 Minuten

Eine Portion enthält
157 Kilokalorien/656 Kilojoule
6 g Eiweiß
11 g Fett
2 g Kohlenhydrate
14 mg Cholesterin
1 g Ballaststoffe

Zubereitung

1| Gurke waschen, putzen und in ca. 2 cm dicke Scheiben schneiden. Aus Öl, Essig, Salz und Pfeffer ein Dressing herstellen. Dill waschen, trocknen, Dillspitzen abzupfen und fein hacken und zusammen mit den Gurkenscheiben unter das Dressing mischen. Gurken ca. 20 Minuten marinieren lassen.

2| Schafskäse in grobe Stücke schneiden. Perlzwiebeln, Käse und marinierte Gurkenscheiben abwechselnd auf Spieße stecken und mit dem Dressing beträufelt servieren.

Chicorée mit Ziegenkäse-Dip

Fruchtig-frische Variante

Zutaten für 2 Portionen

2 EL getrocknete Cranberries
150 g Ziegenfrischkäse
1 EL Milch, 1,5 % Fett
2 EL Schnittlauchröllchen
Salz, Pfeffer
2 Chicoréestauden

Zubereitungszeit
10 Minuten

Eine Portion enthält
317 Kilokalorien/1326 Kilojoule
10 g Eiweiß
24 g Fett
15 g Kohlenhydrate
58 mg Cholesterin
2 g Ballaststoffe

Zubereitung

1| Die Cranberries fein hacken. Frischkäse und Milch miteinander verrühren. Cranberries und Schnittlauchröllchen untermischen, salzen und pfeffern.
2| Den Chicorée putzen und aufblättern. Mit dem Frischkäse-Dip anrichten.

Serviertipp
Sehr schön sieht es aus, wenn Sie helle und rote Chicoréestauden verwenden.

Wassermelone mit Ziegenkäse und Walnüssen

Gelingt leicht, erfrischend an heißen Tagen

Zutaten für 2 Portionen

1 EL gehackte Walnüsse
1 EL Walnussöl
1 EL weißer Balsamicoessig
1 TL Honig, z. B. Akazie
Salz, Pfeffer
1 Spritzer Tabascosauce
500 g Wassermelone
50 g Ziegenfrischkäse, fettreduziert

Zubereitungszeit
15 Minuten

Eine Portion enthält
288 Kilokalorien/1203 Kilojoule
5 g Eiweiß
22 g Fett
16 g Kohlenhydrate
26 mg Cholesterin
1 g Ballaststoffe

Zubereitung

1| Walnüsse in einer beschichteten Pfanne ohne Fettzugabe kurz anrösten, zur Seite stellen und abkühlen lassen.
2| Aus Öl, Essig, Honig, etwas Salz, Pfeffer und Tabascosauce ein Dressing herstellen.
3| Wassermelone vierteln und in 1 cm dicke Scheiben schneiden, Schale abschneiden und die Melone auf einem großen Teller dekorativ anrichten. Mit zerbröseltem Ziegenkäse bestreuen, Marinade darübergießen und mit gehackten Walnüssen bestreut servieren.

Salate

Bunter Grünkernsalat

Gelingt leicht, lecker und ballaststoffreich

Zutaten für 2 Portionen

150 g Grünkern
½ rote Paprikaschote
½ gelbe Paprikaschote
80 g Gurke
½ kleine blaue Zwiebel
1 EL Rapsöl
1 EL weißer Balsamicoessig
Salz, Pfeffer
2 EL gehackter Schnittlauch

Zubereitungszeit
15 Minuten
Garzeit
25 Minuten
Marinierzeit
2 Stunden

Eine Portion enthält
336 Kilokalorien/1405 Kilojoule
9 g Eiweiß
10 g Fett
51 g Kohlenhydrate
0 mg Cholesterin
9 g Ballaststoffe

Zubereitung

1| Reichlich Salzwasser zum Kochen bringen, den Grünkern zugeben und in ca. 25 Minuten weich kochen. Abgießen und etwas abkühlen lassen.
2| Paprikaschoten und Gurke waschen, trocknen, putzen und in kleine Würfel schneiden. Zwiebel schälen und fein würfeln.
3| Gemüse zum gut abgetropften Grünkern geben, mit Öl, Essig, Salz, Pfeffer und Schnittlauch kräftig abschmecken und mind. 2 Stunden durchziehen lassen.

Tomaten-Spinat-Salat „Santorini"

Gut vorzubereiten

Zutaten für 2 Portionen

250–300 g junger Blattspinat
2 große Tomaten
60 g Schafskäse, fettreduziert
½ Bund Rucola
1 EL entsteinte schwarze Oliven
1 EL Rapsöl
1 EL Balsamicoessig
Salz, Pfeffer
½ Gurke

Zubereitungszeit
25 Minuten
Marinierzeit
½–1 Stunde

Eine Portion enthält
206 Kilokalorien/860 Kilojoule
10 g Eiweiß
13 g Fett
4 g Kohlenhydrate
14 mg Cholesterin
5 g Ballaststoffe

Zubereitung

1| Spinat putzen, waschen, Blätter von den Stielen befreien und die Blätter in ca. 1 cm breite Streifen schneiden. Reichlich Salzwasser zum Kochen bringen, Blätter hineingeben und 1 Minute köcheln lassen. Abgießen und gleich kalt abschrecken.
2| Tomaten waschen, halbieren, Strunk entfernen und Tomaten in Stücke schneiden.
3| Schafskäse grob würfeln. Rucola waschen, putzen und in mundgerechte Stücke schneiden. Spinat, Tomaten, Oliven, Schafskäse und Rucola miteinander vermengen.
4| Aus Öl, Essig, Salz und Pfeffer ein Dressing herstellen und unter die Salatzutaten mengen. Salat ca. 1 Stunde durchziehen lassen.
5| Gurke waschen, putzen und in kleine Stücke schneiden. Gurkenstücke kurz vor dem Servieren unter den Salat mengen.

Feldsalat mit karamellisierten Zwiebeln

Mit gesunden Walnüssen

Zutaten für 2 Portionen

120 g Feldsalat
2 rote Zwiebeln
2 EL Walnusskerne
1 EL Weißweinessig
Salz, Pfeffer
1 Prise Zucker
1 EL Walnussöl
1 EL Rapsöl
2 EL flüssiger Honig, z. B. Akazie

Zubereitungszeit
15 Minuten
Garzeit
ca. 5 Minuten

Eine Portion enthält
359 Kilokalorien/1499 Kilojoule
5 g Eiweiß
29 g Fett
21 g Kohlenhydrate
0 mg Cholesterin
0,7 g Omega-3-Fettsäuren
3 g Ballaststoffe

Zubereitung

1| Den Feldsalat putzen, waschen und trocken schleudern. Die roten Zwiebeln schälen, halbieren und in Spalten schneiden. Die Walnusskerne grob hacken und in einer Pfanne ohne Fett rösten.

2| Für die Vinaigrette Weißweinessig mit Salz, Pfeffer und Zucker verrühren. Das Walnussöl kräftig unterrühren.

3| Rapsöl in einer Pfanne erhitzen und die Zwiebeln 2 Minuten braten. Honig zugeben und 2 Minuten karamellisieren lassen. Den Salat mit der Vinaigrette beträufeln und mit Walnüssen und Zwiebeln bestreut servieren.

Gurkensalat „Asia"

Gelingt leicht

Zutaten für 2 Portionen

- 1 Gurke
- 1 kleine rote Zwiebel
- 1 EL Weißweinessig
- 1 TL brauner Zucker
- 2 TL süße Chilisauce
- 1 EL gehackter Koriander oder Petersilie
- 2 gehäufte EL Erdnüsse, geröstet

Zubereitungszeit
15 Minuten

Marinierzeit
45 Minuten

Eine Portion enthält
120 Kilokalorien/500 Kilojoule
5 g Eiweiß
8 g Fett
7 g Kohlenhydrate
0 mg Cholesterin
3 g Ballaststoffe

Zubereitung

1| Gurke waschen, putzen, längs halbieren und in dünne Scheiben schneiden. Zwiebel schälen und fein würfeln.
2| Aus Essig, Zucker, Chilisauce, Koriander oder Petersilie ein Dressing herstellen. Dressing mit der Gurke und den Zwiebeln vermischen und ca. 45 Minuten marinieren.
3| Erdnüsse grob hacken und vor dem Servieren über den Salat streuen.

Fruchtiger Rosenkohlsalat

Preiswert

Zutaten für 2 Portionen

350 g Rosenkohl
75 ml Gemüsebrühe
1 Apfel
2 TL Zitronensaft
2 Schalotten
1 TL Walnussöl
Salz, Pfeffer
einige Spritzer flüssiger Süßstoff
1 TL gehackte Petersilie
2 TL gehackte Walnüsse

Zubereitungszeit
20 Minuten
Garzeit
10–15 Minuten

Eine Portion enthält
159 Kilokalorien/666 Kilojoule
7 g Eiweiß
9 g Fett
12 g Kohlenhydrate
0 mg Cholesterin
8 g Ballaststoffe

Zubereitung

1| Rosenkohl putzen, waschen, halbieren und in der Gemüsebrühe 10–15 Minuten garen, dann abtropfen lassen.
2| Apfel waschen, halbieren, entkernen, achteln, in Scheibchen schneiden und mit 1 TL Zitronensaft beträufeln. Schalotten schälen und fein hacken.
3| Aus dem restlichen Zitronensaft, Öl, Salz, Pfeffer, Süßstoff und Petersilie ein Dressing herstellen. Rosenkohl und Äpfel mit dem Dressing mischen und gehackte Walnüsse darüberstreuen

Karotten-Avocado-Rohkost

Mit Walnüssen

Zutaten für 2 Portionen

2 mittelgroße Karotten
1 Apfel
1 kleine Avocado
2 EL Zitronensaft
1 EL Walnussöl
Salz, Pfeffer
2 EL flüssiger Honig
1 EL gehackte Walnüsse
1 gehäufter EL Kresse

Zubereitungszeit
20 Minuten
Garzeit
5 Minuten

Eine Portion enthält
385 Kilokalorien/1610 Kilojoule
5 g Eiweiß
27 g Fett
31 g Kohlenhydrate
0 mg Cholesterin
1,4 g Omega-3-Fettsäuren
9 g Ballaststoffe

Zubereitung

1| Die Karotten waschen, putzen, schälen und raspeln. Den Apfel waschen, sechsteln, entkernen und in Stücke schneiden. Die Avocado halbieren und den Stein herauslösen. Avocado schälen und das Fruchtfleisch in Stücke schneiden. Apfel- und Avocadostücke mit 1 EL Zitronensaft mischen.

2| Den restlichen Zitronensaft mit Öl und 1 EL Wasser verrühren. Mit Salz, Pfeffer und 2 TL Honig würzen. Die Karotten mit dem Dressing mischen.

3| Gehackte Nüsse in einer beschichteten Pfanne ohne Fett rösten. Den restlichen Honig dazugeben und solange rühren, bis die Nüsse mit Honig umhüllt sind. Die Honignüsse herausnehmen und etwas abkühlen lassen.

4| Äpfel und Avocados unter den Karottensalat mischen und eventuell mit Salz und Pfeffer nachwürzen. Den Salat mit Honigkernen und Kresse bestreut servieren.

Tomaten-Rucola-Salat

Aromatisch mit Pinienkernen

Zutaten für 2 Portionen

2 Tomaten
2 Portionen Rucola (ca. 60 g)
1 kleine rote Zwiebel
2 TL Pinienkerne
1 EL Rapsöl
1 EL Zitronensaft
2 TL flüssiger Honig,
    z. B. Akazie
Salz, Pfeffer

Zubereitungszeit
15 Minuten

Eine Portion enthält
143 Kilokalorien/596 Kilojoule
3 g Eiweiß
11 g Fett
8 g Kohlenhydrate
0 mg Cholesterin
0,7 g Omega-3-Fettsäuren
2 g Ballaststoffe

Zubereitung

1| Paprika und Rucola waschen, den Rucola verlesen und trocken schleudern. Die Paprika halbieren, Strunk, Kerne und Samenwände herausschneiden und die Paprika in schmale Streifen schneiden. Die Zwiebel schälen und fein würfeln.

2| Die Pinienkerne in einer beschichteten Pfanne ohne Fett goldgelb rösten, herausnehmen und abkühlen lassen.

3| Aus Öl, Zitronensaft, Honig, Salz und Pfeffer ein Dressing herstellen. Paprika und Rucola auf zwei Tellern verteilen, das Dressing darüberträufeln und den Salat mit Pinienkernen bestreuen.

Zuckerhut-Orangen-Salat

Gelingt leicht

Zutaten für 2 Portionen

130 g Zuckerhutsalat
½ Orange
2 TL Zitronensaft
1 EL Walnussöl
2 EL Naturjoghurt, 1,5 % Fett
Salz, Pfeffer
1 EL gehackte Walnüsse
2 TL gehackter Schnittlauch

Zubereitungszeit
15 Minuten

Eine Portion enthält
188 Kilokalorien/784 Kilojoule
4 g Eiweiß
15 g Fett
9 g Kohlenhydrate
1 mg Cholesterin
4 g Ballaststoffe

Zubereitung

1| Salat putzen, in schmale Streifen schneiden und waschen. Orange schälen und in mundgerechte Stücke schneiden.
2| Zitronensaft, Öl, Joghurt, Salz und Pfeffer zu einem Dressing verrühren.
3| Nüsse in einer beschichteten Pfanne ohne Fettzugabe anrösten. Kurz abkühlen lassen.
4| Salatzutaten mit dem Dressing vermengen, Schnittlauch und Nüsse darüberstreuen und gleich servieren.

Tipp
Zuckerhut ist eine fast vergessene Gemüseart! Er war früher und ist zum Teil heute noch in alten Bauerngärten zu finden, denn er bietet viele Vorteile. Zuckerhut ist ein regionaler Salat und gut lagerbar (auch angeschnitten), das heißt er kann also nach und nach verwendet werden. Außerdem ist er nitratarm, da er im Sommer gewachsen ist, und liefert wertvolle Inhaltsstoffe (vor allem wichtige Bitterstoffe, die mittlerweile in unsere Nahrung fehlen).
Wer den bitteren Geschmack als zu heftig empfindet, kann den Salat auch zur Hälfte mit Chinakohl herstellen.

Käsesalat „Frau Antje"

Gelingt leicht

Zutaten für 2 Portionen

1 EL Weißweinessig
1 EL Rapsöl
½ EL Akazienhonig
1 EL Dijonsenf
Salz, Pfeffer
½ Bund Schnittlauch
2 Frühlingszwiebeln
2 EL Mais
150 g Gouda, mittelalt, fettreduziert
1 rote Paprikaschote
2 Scheiben Vollkornbrot, z. B. Dinkel

Zubereitungszeit
20 Minuten

Eine Portion enthält
426 Kilokalorien/1779 Kilojoule
19 g Eiweiß
24 g Fett
33 g Kohlenhydrate
57 mg Cholesterin
8 g Ballaststoffe

Zubereitung

1| Aus Essig, Öl, Honig, Senf, Salz und Pfeffer ein Dressing herstellen. Schnittlauch und Frühlingszwiebeln waschen, Schnittlauch evtl. verlesen, Frühlingszwiebeln putzen. Schnittlauch fein hacken, Frühlingszwiebeln in schmale Ringe schneiden, beides unter das Dressing rühren.

2| Mais gut abtropfen lassen. Gouda in kleine Würfel schneiden. Paprika waschen, trocknen, halbieren, Stiel, Kerne und Samenwände entfernen und Paprikahälften ebenfalls in kleine Würfel schneiden.

3| Dressing über die vorbereiteten Salatzutaten gießen und Käsesalat gut vermengen. Mit Vollkornbrot servieren.

Tipp
Patienten mit Fettstoffwechselstörungen sollten den Honig aus der Zutatenliste streichen und stattdessen etwas flüssigen Süßstoff verwenden.

Rote-Bete-Rohkost mit Walnüssen

Gelingt leicht

Zutaten für 2 Portionen

1 mittelgroße rote Bete
1 Apfel
1 EL Zitronensaft
1 EL Walnussöl
1 EL Apfelsaft
Salz, Pfeffer
1 EL gehackte Walnüsse

Zubereitungszeit
15 Minuten

Eine Portion enthält
278 Kilokalorien/1160 Kilojoule
5 g Eiweiß
15 g Fett
30 g Kohlenhydrate
0 mg Cholesterin
8 g Ballaststoffe

Zubereitung

1| Rote Bete waschen, putzen, schälen und auf einer Küchenreibe grob raspeln. Apfel waschen, halbieren, Kerngehäuse entfernen und ebenfalls grob reiben. Sofort mit Zitronensaft beträufeln.
2| Aus Öl, Apfelsaft, Salz und Pfeffer ein Dressing herstellen und unter die rote Bete- und Apfelraspeln mischen.
3| Nüsse in einer beschichteten Pfanne ohne Fettzugabe anrösten und über die Rohkost streuen.

Suppen und Eintöpfe

Klare Fischsuppe

Gelingt leicht, reich an Omega-3-Fettsäuren

Zutaten für 2 Portionen

- ½ Bund Wurzelwerk (Sellerie, Karotten, Lauch)
- ½ kleine Zwiebel
- 1 EL Rapsöl
- 200 ml Fischfond
- 2 EL gehackter Dill
- 1 Lorbeerblatt
- 2 Körner Piment
- 2 Wacholderbeeren
- Salz, Pfeffer
- 200 g Heilbuttfilet
- 2 TL Zitronensaft

Zubereitungszeit
20 Minuten
Garzeit
25 Minuten

Eine Portion enthält
315 Kilokalorien/1315 Kilojoule
17 g Eiweiß
25 g Fett
5 g Kohlenhydrate
49 mg Cholesterin
3 g Omega-3-Fettsäuren
4 g Ballaststoffe

Zubereitung

1| Gemüse waschen, putzen, Sellerie und Karotten schälen und in feine Stifte schneiden. Lauch unter fließendem, kaltem Wasser gründlich waschen und in halbe Ringe schneiden. Zwiebel schälen und fein würfeln.

2| Öl in einem mittleren Topf erhitzen und die Zwiebelwürfel darin anschwitzen, die Gemüsestifte zugeben und kurz mit andünsten. Mit dem Fischfond ablöschen und aufkochen lassen.

3| Dill waschen, trocknen und die Spitzen abzupfen. Die Stiele zusammen mit den Gewürzen zu der Suppe geben und zugedeckt ca. 15 Minuten bei niedriger Temperatur köcheln lassen. Nach 5–7 Minuten die Lauchringe dazugeben.

4| Das Fischfilet waschen, trocknen und mit Zitronensaft beträufeln. Fisch in mundgerechte Stücke schneiden und mit etwas Salz würzen. Fischstücke zu der Suppe geben und 5 Minuten gar ziehen lassen. Die Suppe mit Salz und Pfeffer abschmecken und mit den Dillspitzen bestreut servieren.

Blumenkohlcremesuppe mit Lachseinlage

Gelingt leicht

Zutaten für 2 Portionen

300 g Blumenkohl (TK)
1 kleine Kartoffel
½ kleine Zwiebel
150 g Lachsfilet
1 EL Zitronensaft
Salz, Pfeffer
1 EL Rapsöl
150 ml Milch, 1,5 % Fett
250 ml Fischfond
1 EL Meerrettich
2 EL gehackter Schnittlauch

Zubereitungszeit
20 Minuten
Garzeit
30 Minuten

Eine Portion enthält
371 Kilokalorien/1550 Kilojoule
24 g Eiweiß
23 g Fett
16 g Kohlenhydrate
31 mg Cholesterin
0,8 g Omega-3-Fettsäuren
7 g Ballaststoffe

Zubereitung

1| Blumenkohl antauen lassen. Kartoffel waschen, Kartoffel und Zwiebel schälen und grob würfeln.
2| Lachsfilet waschen, trocknen und in Würfel schneiden. Mit der Hälfte des Zitronensafts beträufeln und mit etwas Salz bestreuen. Etwa 10 Minuten stehen lassen.
3| Öl in einem mittleren Topf erhitzen, Zwiebelwürfel darin glasig andünsten, Kartoffel und Blumenkohl zugeben und ebenfalls kurz andünsten. Mit Milch und Fischfond ablöschen, Suppe aufkochen lassen und ca. 20 Minuten auf mittlere Stufe köcheln lassen. Suppe mit Salz und Pfeffer abschmecken.
4| Suppe mit einem Pürierstab cremig rühren und mit Zitronensaft und Meerrettich abschmecken.
5| Vorbereitete Lachswürfel in die Suppe geben und einige Minuten in der Suppe gar ziehen lassen. Suppe mit Schnittlauch bestreut servieren.

Kartoffelsuppe mit Mandeln

Mit Orangen-Aroma

Zutaten für 2 Portionen

2 große mehligkochende Kartoffeln
1 Zwiebel
2 Knoblauchzehen
1 EL Olivenöl
6 EL Mandelblättchen
400 ml Gemüsebrühe
1 TL abgeriebene Bio-Orangenschale
Salz, Pfeffer
½ kleines Glas Milch, 1,5 % Fett (ca. 50 ml)
4 Stiele Majoran oder ½ TL getr. Majoran

Zubereitungszeit
15 Minuten
Garzeit
ca. 25 Minuten

Eine Portion enthält
284 Kilokalorien/1188 Kilojoule
10 g Eiweiß
19 g Fett
18 g Kohlenhydrate
0 mg Cholesterin
6 g Ballaststoffe

Zubereitung

1| Die Kartoffeln waschen, schälen und würfeln. Zwiebel und Knoblauchzehen schälen und ebenfalls würfeln.
2| Das Öl erhitzen und Kartoffeln, Zwiebeln und Knoblauch darin andünsten. Die Hälfte der Mandelblättchen darüberstreuen und mit der Gemüsebrühe ablöschen. Abgeriebene Orangenschale, Salz und Pfeffer zufügen und zugedeckt 20 Minuten köcheln.
3| Die restlichen Mandelblättchen in einer beschichteten Pfanne ohne Fett goldbraun rösten.
4| Milch zur Suppe geben und pürieren. Die Suppe mit Mandelblättchen und Majoran bestreut servieren.

Süßkartoffelsuppe

Gelingt leicht

Zutaten für 2 Portionen

1 kleine Zwiebel
1 mittelgroße Süßkartoffel (ca. 300 g)
1 EL Rapsöl
Salz, Pfeffer
Curry
Garam Masala (indische Gewürzmischung)
Zimt
250 ml Geflügelfond
100 ml Apfelsaft
2 EL gehackter Schnittlauch

Zubereitungszeit
10 Minuten
Garzeit
25 Minuten

Eine Portion enthält
286 Kilokalorien/1196 Kilojoule
4 g Eiweiß
12 g Fett
39 g Kohlenhydrate
0 mg Cholesterin
5 g Ballaststoffe

Zubereitung

1| Zwiebel schälen und grob würfeln. Süßkartoffel waschen, putzen, schälen und ebenfalls grob würfeln.
2| Öl in einem mittleren Topf erhitzen und Zwiebel- und Süßkartoffelwürfel darin andünsten. Gewürze zugeben und kurz mit anbraten.
3| Mit Geflügelfond und Apfelsaft ablöschen und aufkochen lassen. Suppe ca. 15 Minuten köcheln lassen und am Ende der Garzeit mit einem Pürierstab cremig rühren. Suppe evtl. erneut abschmecken und mit Schnittlauch bestreut servieren.

Tipp
Wer die Suppe noch fruchtiger mag, kann 2 kleine Äpfel mitgaren.

Klare Pilzbrühe

Gut vorzubereiten

Zutaten für 1 Liter

30 g getrocknete Pilze, z. B. Steinpilze
6 Karotten
2 Stangen Lauch
2 große Gemüsezwiebeln
2 Tomaten
1 Bund Petersilie
1 TL weiße Pfefferkörner
1 TL Senfkörner
1 Lorbeerblatt
1 Nelke
1 Knoblauchzehe
Salz

Zubereitungszeit
30 Minuten
Garzeit
30 Minuten
Ziehzeit
1 Stunde

Eine Portion (ca. ¼ Liter) enthält
82 Kilokalorien/343 Kilojoule
5 g Eiweiß
1 g Fett
13 g Kohlenhydrate
0 mg Cholesterin
0 g Ballaststoffe

Zubereitung

1| Pilze mit kochendem Wasser übergießen und 30 Minuten einweichen. Einweichwasser aufbewahren, Bodensatz mit Sand und evtl. kleinen Steinchen weggießen.
2| Gemüse waschen und putzen. Zwiebel schälen und mit restlichen Gemüsesorten in grobe Stücke schneiden. Petersilie waschen, trocknen und grob zerkleinern.
3| Einen großen Topf mit 1,5 Liter Wasser und Einweichwasser der Pilze befüllen, vorbereitete Zutaten und Gewürze hineingeben. Knoblauchzehe schälen und zerdrücken, ebenfalls in den Topf geben und erhitzen. Den entstehenden Schaum abschöpfen.
4| Bei mittlerer Hitze ca. 30 Minuten ohne Deckel kochen lassen. Danach vom Herd nehmen und noch 1 Stunde ziehen lassen.
5| Sieb mit einem sauberen Küchentuch auslegen und fertige Brühe behutsam durch das Sieb gießen. Erst jetzt mit Salz würzen.

Tipp
Die Mengenangaben sind für 1 Liter Brühe berechnet, da sich die Brühe sehr gut einfrieren lässt. Es bietet sich hier sogar an, die doppelte Menge zuzubereiten, da die Brühe vielseitig einsetzbar ist (z. B. für Suppen oder Saucen).

Karotten-Mango-Suppe

Gut vorzubereiten

Zutaten für 2 Portionen

450 g Karotten
Salz, Pfeffer
1 Knoblauchzehe
1 EL Rapsöl
1 EL Ahornsirup
50 ml Mangosaft
½ l Gemüsebrühe
1 reife Mango
2 Zweige Dill
½ TL gemahlener roter Pfeffer

Zubereitungszeit
25 Minuten
Garzeit
45 Minuten

Eine Portion enthält
271 Kilokalorien/1131 Kilojoule
7 g Eiweiß
10 g Fett
37 g Kohlenhydrate
0 mg Cholesterin
10 g Ballaststoffe

Zubereitung

1| Backofen auf höchste Stufe vorheizen.
2| Karotten waschen, putzen, schälen und der Länge nach vierteln. In einer feuerfesten Form verteilen und mit Salz und Pfeffer würzen. Knoblauch schälen, fein hacken und mit Öl, Ahornsirup und Mangosaft vermengen. Über die Möhren gießen und gut vermengen. Unter dem heißen Grill 10 Minuten rösten, dabei einmal wenden. ½ l Gemüsebrühe zugießen und ca. 30 Minuten weichgaren.
3| Mango schälen, Fruchtfleisch vom Stein schneiden, Fruchtfleisch in Würfel schneiden. Dill waschen, trocknen und zerkleinern.
4| Karotten und die Hälfte der Mango mit einem Pürierstab cremig rühren und mit Salz und rotem Pfeffer abschmecken. Suppe mit restlicher Mango und dem Dill garniert servieren.

Tipp
Patienten mit Fettstoffwechselstörungen sollten den Ahornsirup aus der Zutatenliste streichen.

Kichererbsen-Tomaten-Eintopf

Mit vielen frischen Kräutern

Zutaten für 2 Portionen

½ Gemüsezwiebel
2 Knoblauchzehen
4 getrocknete Tomaten
1 Zweig Rosmarin
1 Zweig Thymian
1 EL Rapsöl
1 EL Tomatenmark
425 g Dosentomaten
100 g Kichererbsen
Salz, Pfeffer
1 Schuss Balsamicoessig
1 EL Ketchup
1 Handvoll Basilikumblätter

Zubereitungszeit
20 Minuten
Garzeit
15 Minuten

Eine Portion enthält
306 Kilokalorien/1277 Kilojoule
13 g Eiweiß
12 g Fett
35 g Kohlenhydrate
0 mg Cholesterin
9 g Ballaststoffe

Zubereitung

1| Zwiebel und Knoblauch schälen und würfeln. Getrocknete Tomaten in feine Streifen schneiden. Rosmarin und Thymian waschen.

2| Öl in einem mittleren Topf erhitzen, Zwiebel- und Knoblauchwürfel darin glasig andünsten, Tomatenstreifen und Tomatenmark zugeben und 1 Minute mitbraten. Rosmarin und Thymian zu der Suppe geben, mit Tomaten aus der Dose ablöschen und Suppe ca. 10 Minuten bei mittlerer Hitze köcheln lassen.

3| Kichererbsen abspülen und gut abtropfen lassen.

4| Suppe mit Salz, Pfeffer, Balsamicoessig und Ketchup abschmecken. Basilikumblätter waschen und in schmale Streifen schneiden. Suppe mit einem Pürierstab cremig rühren. Kichererbsen in die Suppe geben und verrühren, Basilikumstreifen über die Suppe streuen und servieren.

Gemüsesuppe mit glasierten Maronen

Passt gut zur Winterzeit

Zutaten für 2 Portionen

Suppe
1 Stück Knollensellerie (ca. 120 g)
1 Stück Petersilienwurzel (ca. 120 g)
1 große Karotte
1 eigroße Kartoffel
1 kleines Lorbeerblatt
1 kleine Zwiebel
1 EL Rapsöl
400 ml Gemüsebrühe
2 geh. EL Frischkäse
Salz, Pfeffer
Cayennepfeffer
1 TL Zitronensaft

Maronen
2 EL geschälte Maronen, vakuumverpackt (ca. 40 g)
1 TL Honig
50 ml Gemüsebrühe
1 Zweig Thymian

Zubereitungszeit
20 Minuten
Garzeit
ca. 40 Minuten

Eine Portion enthält
304 Kilokalorien/1270 Kilojoule
12 g Eiweiß
17 g Fett
26 g Kohlenhydrate
0 mg Cholesterin
0,7 g Omega-3-Fettsäuren
10 g Ballaststoffe

Zubereitung

1| Sellerie, Petersilienwurzeln, Karotten und Kartoffeln waschen, putzen, schälen und in 1 cm große Stücke schneiden. Das Lorbeerblatt mehrfach einschneiden. Die Zwiebel schälen und fein würfeln.

2| Das Öl in einem mittleren Topf erhitzen und die Zwiebel darin glasig dünsten. Die Gemüsestücke zugeben und 3 Minuten unter Rühren mitdünsten. Mit heißer Gemüsebrühe ablöschen und das Lorbeerblatt hinzugeben. Zugedeckt aufkochen und bei milder Hitze 25 bis 30 Minuten kochen, bis das Gemüse weich ist. Das Lorbeerblatt entfernen, dann die Suppe mit dem Frischkäse fein pürieren und durch ein feines Sieb passieren. Mit Salz, Pfeffer, Cayennepfeffer und Zitronensaft abschmecken.

3| Die Maronen sechsteln. Den Honig in einer beschichteten Pfanne hellbraun karamellisieren. Die Gemüsebrühe vorsichtig angießen (Achtung: spritzt!) und bei milder Hitze kochen, bis sich der Karamell gelöst hat. Die Maronen und die abgezupften Thymianblättchen unterrühren und kochen, bis die Flüssigkeit fast verdampft ist.

4| Die Suppe mit den Maronen servieren.

Scharfe Maiscremesuppe

Geht schnell

Zutaten für 2 Portionen

1 Knoblauchzehe
½ Chilischote
200 g Mais (TK)
1 EL Rapsöl
Salz, Pfeffer
1 TL Curry
1 Prise Zucker
400 ml Gemüsebrühe
1 EL Limetten- oder Zitronensaft
2 Stiele Koriandergrün
50 g Naturjoghurt, 1,5 % Fett

Zubereitungszeit
15 Minuten
Garzeit
15 Minuten

Eine Portion enthält
211 Kilokalorien/881 Kilojoule
8 g Eiweiß
10 g Fett
21 g Kohlenhydrate
1 mg Cholesterin
4 g Ballaststoffe

Zubereitung

1| Knoblauch schälen und fein würfeln. Chilischote waschen, halbieren, Kerne und Samenwände herausschneiden und Chilischote fein würfeln. Mais antauen lassen.
2| Öl in einem mittleren Topf erhitzen, Knoblauch- und Chiliwürfel darin andünsten, Mais zugeben und kurz mitdünsten. Mit Salz, Curry, Pfeffer und Zucker überstäuben und kurz mitbraten.
3| Gemüsebrühe zugießen und aufkochen lassen. Suppe ca. 10 Minuten kochen lassen.
4| Suppe mit einem Pürierstab cremig rühren, Limettensaft zugeben und ggf. erneut abschmecken.
5| Korianderblättchen abzupfen und grob hacken. Joghurt unter die Suppe rühren, nicht mehr kochen lassen und mit Koriander bestreut servieren.

Bärlauchsuppe

Gelingt leicht

Zutaten für 2 Portionen

- 100 g frischer Bärlauch
- 1 kleine Zwiebel
- 1 EL Rapsöl
- 1 EL Weizenvollkornmehl
- 400 ml Gemüsebrühe
- 150 ml Milch, 1,5 % Fett
- 2 Ecken Schmelzkäse, 30 % Fett i. Tr.
- Salz, Pfeffer

Zubereitungszeit
10 Minuten

Garzeit
10 Minuten

Eine Portion enthält
202 Kilokalorien/848 Kilojoule
16 g Eiweiß
11 g Fett
11 g Kohlenhydrate
11 mg Cholesterin
5 g Ballaststoffe

Zubereitung

1| Bärlauch waschen, trocknen und in schmale Streifen schneiden. Zwiebel schälen und fein würfeln.
2| Öl in einem mittleren Topf erhitzen, Mehl darüberstäuben und mit einem Schneebesen unter Rühren andünsten. Etwas Gemüsebrühe zugießen und unter weiterem, kräftigen Rühren eine Einbrenne herstellen. Nach und nach Gemüsebrühe zugießen, dabei ständig mit dem Schneebesen kräftig rühren, damit keine Klümpchen entstehen. Milch, Schmelzkäse und Bärlauch zugeben und ca. 5 Minuten köcheln lassen.
3| Suppe mit wenig Salz und Pfeffer würzig abschmecken.

Linseneintopf „griechische Art"

Braucht etwas mehr Zeit

Zutaten für 2 Portionen

100 g Linsen, getrocknet
1 Zwiebel
1 Knoblauchzehe
1 EL Rapsöl
400 ml Gemüsebrühe
1 Lorbeerblatt
½ Bund Petersilie
2 Zweige Rosmarin
Pfeffer, Salz
1 kleine Karotte
60 g Lauch
1 rote Paprikaschote
2 EL Balsamicoessig
60 g Schafskäse, fettreduziert

Zubereitungszeit
20 Minuten
Einweichzeit
12 Stunden
Garzeit
50 Minuten

Eine Portion enthält
253 Kilokalorien/1057 Kilojoule
13 g Eiweiß
11 g Fett
15 g Kohlenhydrate
14 mg Cholesterin
6 g Ballaststoffe

Zubereitung

1| Linsen über Nacht in kaltem Wasser einweichen.
2| Zwiebel und Knoblauch schälen und fein würfeln. Öl in einem mittleren Topf erhitzen und die Zwiebel- und Knoblauchwürfel darin glasig andünsten, die abgetropften Linsen zugeben, mit der Brühe ablöschen und die Suppe aufkochen lassen. Lorbeerblatt, Petersilie, Rosmarin, Pfeffer und etwas Salz zugeben und ca. 40–45 Minuten bei schwacher Hitze köcheln lassen.
3| Karotte, Lauch und Paprika waschen, trocknen und putzen. Karotte schälen und in kleine Würfel schneiden. Lauch unter fließendem kaltem Wasser abspülen und in schmale Ringe schneiden. Paprika halbieren, Kerne und Samenwände entfernen und Paprika ebenfalls würfeln. Das vorbereitete Gemüse 5 Minuten vor Ende der Garzeit zur Suppe geben.
4| Lorbeerblatt, Petersilie und Rosmarinzweig entfernen. Suppe mit Essig und evtl. erneut mit etwas Pfeffer abschmecken. Schafskäse zerbröckeln und über die Suppe streuen.

Tipp
Hülsenfrüchte wie Linsen liefern reichlich pflanzliches, hochwertiges Eiweiß und viele Ballaststoffe. Leider werden sie heutzutage nur noch selten gegessen. Versuchen Sie das Rezept nach Ihrem Geschmack zu variieren und finden Sie Ihre Lieblingsvariante.

Saucen, Dips und Dressings

Saucen

Champignonsauce

Gelingt leicht

Zutaten für 2 Portionen

½ kleine Zwiebel
1 Knoblauchzehe
150 g frische Champignons
1 EL Rapsöl
1 EL Weizenvollkornmehl
1 EL Weißwein
150 ml Pilzfond
1 EL Frischkäse, fettreduziert
Salz, Pfeffer

Zubereitungszeit
15 Minuten
Garzeit
15 Minuten

Eine Portion enthält
149 Kilokalorien/621 Kilojoule
6 g Eiweiß
11 g Fett
6 g Kohlenhydrate
8 mg Cholesterin
3 g Ballaststoffe

Zubereitung

1| Zwiebel und Knoblauchzehe schälen und fein würfeln. Pilze mit einem Küchenkrepp vorsichtig säubern. Stiele etwas abschneiden und Pilze in schmale Scheiben schneiden.

2| Öl in einem kleinen Topf erhitzen und Zwiebel- und Knoblauchwürfel darin glasig andünsten. Champignonscheiben zugeben und 1–2 Minuten mitdünsten. Mehl darüberstäuben, kurz mit anbraten und mit Weißwein ablöschen. Unter Rühren eine Einbrenne herstellen, Pilzfond nach und nach zugießen und Sauce ca. 5 Minuten köcheln lassen.

3| Frischkäse zugeben und schmelzen lassen, Sauce mit Salz und Pfeffer abschmecken.

Zigeunersauce

Gelingt leicht

Zutaten für 2 Portionen

½ kleine Zwiebel
½ gelbe und ½ rote Paprikaschote
1 kleine rote Chilischote
1 EL Rapsöl
2 gehäufte EL Frischkäse, fettreduziert
1 TL Zitronensaft
Salz, Pfeffer
Cayennepfeffer
1 EL gehackter Schnittlauch

Zubereitungszeit
15 Minuten
Garzeit
10 Minuten

Eine Portion enthält
191 Kilokalorien/797 Kilojoule
6 g Eiweiß
16 g Fett
7 g Kohlenhydrate
23 mg Cholesterin
3 g Ballaststoffe

Zubereitung

1| Zwiebel schälen und fein würfeln. Paprika und Chilischote waschen, Kerne und Samenwände entfernen und Paprika und Chili in feine Würfel schneiden.

2| Öl in einem kleinen Topf erhitzen und Zwiebel-, Paprika- und Chiliwürfel darin ca. 10 Minuten andünsten. Frischkäse einrühren und mit Gewürzen und Zitronensaft pikant abschmecken. Mit einem Pürierstab cremig rühren, ggf. noch etwas Wasser zufügen. Sauce mit Schnittlauch garniert servieren.

Curry-Sauce

Gelingt leicht

Zutaten für 2 Portionen

½ kleine Zwiebel
1 EL Rapsöl
1 TL Currypulver
100 ml Geflügelfond
1 Apfel
100 ml Milch, 1,5 % Fett
½ TL Stärke
2 EL Ananassaft
Salz, Pfeffer

Zubereitungszeit
10 Minuten
Garzeit
15 Minuten

Eine Portion enthält
139 Kilokalorien/579 Kilojoule
2 g Eiweiß
10 g Fett
11 g Kohlenhydrate
2 mg Cholesterin
1 g Ballaststoffe

Zubereitung

1| Zwiebel schälen und fein würfeln. Öl in einem kleinen Topf erhitzen und die Zwiebelwürfel darin glasig andünsten, Currypulver darüberstäuben und unter Rühren 30 Sekunden mit anbraten. Mit 70 ml Geflügelfond ablöschen, Sauce auf niedriger Temperatur köcheln lassen.

2| Apfel waschen, schälen, halbieren, Kerngehäuse entfernen und Apfel in kleine Würfel schneiden. Apfelwürfel in die Sauce geben, Milch zugießen und die Sauce ca. 10 Minuten köcheln lassen.

3| Stärke mit dem restlichen, kalten Geflügelfond anrühren, angerührte Stärke in die kochende Sauce geben und unter Rühren Sauce abbinden. Ananassaft zugeben und mit Salz und Pfeffer pikant abschmecken.

Tipp
Falls Ihnen die Sauce zu dünn ist, rühren Sie noch etwas Stärke mit kalter Flüssigkeit an und geben diese in die kochende Sauce. Die Sauce sollte jetzt noch ca. 1 Minute köcheln.

Dips

Rucola-Frischkäse-Dip

Geht schnell

Zutaten für 2 Portionen

60 g Rucola
2 gehäufte EL Frischkäse, fettreduziert
2 EL Naturjoghurt, 1,5 % Fett
½ kleine blaue Zwiebel
Salz, Pfeffer

Zubereitungszeit
10 Minuten

Eine Portion enthält
105 Kilokalorien/438 Kilojoule
6 g Eiweiß
8 g Fett
3 g Kohlenhydrate
24 mg Cholesterin
1 g Ballaststoffe

Zubereitung

1| Rucola waschen, evtl. verlesen und bis auf einige Blättchen zum Garnieren fein hacken.
2| Frischkäse mit Joghurt verrühren. Zwiebel schälen und fein würfeln. Fein gehackten Rucola und Zwiebelwürfel unter die Frischkäsemasse rühren und mit Salz und Pfeffer kräftig abschmecken. Falls Ihnen der Dip zu fest ist, rühren Sie etwas Mineralwasser unter.

Lauch-Dip mit Apfel

Gelingt leicht

Zutaten für 2 Portionen

150 g Lauch
100 ml Gemüsebrühe
2 EL Sojasauce
½ Apfel
1 gehäufter EL Frischkäse, fettreduziert
1 EL Rosinen
Salz, Pfeffer

Zubereitungszeit
15 Minuten
Garzeit
15 Minuten

Eine Portion enthält
114 Kilokalorien/475 Kilojoule
6 g Eiweiß
4 g Fett
13 g Kohlenhydrate
12 mg Cholesterin
3 g Ballaststoffe

Zubereitung

1| Lauch putzen, der Länge nach halbieren, unter fließendem kaltem Wasser gründlich waschen und in Streifen schneiden.
2| 60 ml Gemüsebrühe und Sojasauce zum Kochen bringen und Lauchstreifen darin ca. 10 Minuten weich dünsten.
3| Apfel waschen, Kerngehäuse entfernen und Apfel in kleine Würfel schneiden.
4| Lauch mit restlicher Brühe und Frischkäse pürieren. Rosinen und Apfelwürfel zugeben und nochmals kurz aufkochen. Dip mit Salz und Pfeffer würzen und abkühlen lassen.

Meerrettich-Dip

Geht schnell

Zutaten für 2 Portionen

2 TL Meerrettich, Glas oder Tube
4 EL Quark, Magerstufe
etwas Mineralwasser
½ kleines Bund Schnittlauch
1 TL Ahornsirup
Salz, Pfeffer

Zubereitungszeit
10 Minuten

Eine Portion enthält
47 Kilokalorien/194 Kilojoule
6 g Eiweiß
0 g Fett
5 g Kohlenhydrate
0 mg Cholesterin
1 g Ballaststoffe

Zubereitung

1| Meerrettich, Quark und Mineralwasser verrühren. Schnittlauch waschen, evtl. verlesen und fein hacken.
2| Schnittlauch und Ahornsirup unter die Quarkmasse rühren und mit Salz und Pfeffer abschmecken.

Zaziki

Geht schnell

Zutaten für 2 Portionen

2 Knoblauchzehen
4 gehäufte EL Quark, Magerstufe
1 TL Zitronensaft
1 Schuss Mineralwasser
60 g Gurke
2 gehäufte EL gemischte Kräuter, z. B. Schnittlauch, Dill, Petersilie
Salz, Pfeffer

Zubereitungszeit
10 Minuten

Eine Portion enthält
54 Kilokalorien/227 Kilojoule
9 g Eiweiß
0 g Fett
4 g Kohlenhydrate
1 mg Cholesterin
1 g Ballaststoffe

Zubereitung

1| Knoblauch schälen und fein hacken. Quark, Zitronensaft und Mineralwasser mit einem Schneebesen verrühren.
2| Gurke waschen, putzen und auf einer Küchenreibe grob reiben. Gurke, Kräuter und Knoblauch unter den Quark rühren und mit Salz und Pfeffer kräftig abschmecken.

Dressings

Frühlingsdressing

Gelingt leicht

Zutaten für 2 Portionen

½ kleines Bund Schnittlauch
½ kleines Bund Kerbel oder Petersilie
4 Frühlingszwiebeln
4 Radieschen
2 TL Zitronensaft
100 ml Kefir, 1,5 % Fett
1 Schuss Orangensaft
1 EL Rapsöl
Salz, Pfeffer

Zubereitungszeit
15 Minuten

Eine Portion enthält
113 Kilokalorien/472 Kilojoule
3 g Eiweiß
9 g Fett
4 g Kohlenhydrate
3 mg Cholesterin
2 g Ballaststoffe

Zubereitung

1| Kräuter waschen, trocknen, Schnittlauch fein hacken. Kerbel- oder Petersilienblättchen von den Stielen zupfen und fein hacken. Frühlingszwiebeln und Radieschen waschen, putzen, Frühlingszwiebeln in schmale Ringe schneiden. Radieschen in feine Scheiben schneiden.

2| Aus Zitronensaft, Kefir, Orangensaft und Öl ein Dressing herstellen. Kräuter untermengen und mit Salz und Pfeffer kräftig abschmecken.

Apfel-Ingwer-Dressing

Geht schnell

Zutaten für 2 Portionen

4 EL Buttermilch
2 EL Apfelsaft
1 EL Zitronensaft
2 TL Walnussöl
1 Knoblauchzehe
1 kleines Stück Ingwer (20 g)
Salz, Pfeffer
1 TL gehackter Koriander

Zubereitungszeit
10 Minuten

Eine Portion enthält
66 Kilokalorien/277 Kilojoule
1 g Eiweiß
5 g Fett
3 g Kohlenhydrate
1 mg Cholesterin
0 g Ballaststoffe

Zubereitung

1| Buttermilch mit Apfel- und Zitronensaft in einer Schüssel verrühren. Öl mit einem Schneebesen unterschlagen.
2| Knoblauch und Ingwer schälen, sehr fein würfeln und unter das Dressing rühren; mit Salz, Pfeffer und Koriander würzen.

Senfdressing mit Walnüssen

Etwas teurer, geht schnell

Zutaten für 2 Portionen

½ TL brauner Zucker
1 Msp. Cayennepfeffer
Salz, Pfeffer
1 TL Senf, z. B. Feigensenf oder Dijon-Senf
1 EL Walnussöl
1 EL weißer Balsamicoessig
2 EL Naturjoghurt, 1,5 % Fett
1 gehäufter EL gehackte Walnüsse

Zubereitungszeit
5 Minuten

Eine Portion enthält
177 Kilokalorien/739 Kilojoule
3 g Eiweiß
17 g Fett
4 g Kohlenhydrate
1 mg Cholesterin
1 g Ballaststoffe

Zubereitung

Aus Zucker, Gewürzen, Senf, Öl und Essig ein Dressing herstellen. Joghurt und gehackte Walnüsse untermischen.

Saucen, Dips und Dressings

Hauptgerichte

Hauptgerichte mit Fleisch

Indisches Curry

Gelingt leicht

Zutaten für 2 Portionen

2 Schweineschnitzel
2 Zwiebeln
2 Knoblauchzehen
1 kleines Stück Ingwer
1 rote Chilischote
Salz
100 g rote Linsen
2 EL Currypulver
300 g Dosentomaten
250 ml Gemüsebrühe
einige Spritzer Limettensaft

Zubereitungszeit
20 Minuten
Garzeit
30 Minuten

Eine Portion enthält
344 Kilokalorien/1436 Kilojoule
29 g Eiweiß
19 g Fett
15 g Kohlenhydrate
70 mg Cholesterin
4 g Ballaststoffe

Zubereitung

1| Fleisch in 3 cm große Stücke schneiden. Zwiebeln schälen, halbieren und in Streifen schneiden. Knoblauch und Ingwer schälen, Chilischote waschen, halbieren, Kerne und Samenwände entferne und zusammen mit Knoblauch und Ingwer fein würfeln.

2| Öl in einer beschichteten Pfanne erhitzen, Fleischwürfel ca. 5 Minuten anbraten, salzen und herausnehmen.

3| Restliches Öl erneut erhitzen, Zwiebeln, Knoblauch, Ingwer und Chili bei mittlerer Hitze 3 Minuten andünsten. Linsen und Currypulver zugeben und unter Rühren 2 Minuten mitdünsten.

4| Tomaten grob zerschneiden, mit dem Tomatensaft und der Gemüsebrühe zu den Linsen geben, aufkochen und zugedeckt 20 Minuten kochen. Fleisch untermischen und 2 Minuten mitkochen. Das Curry mit Salz und einigen Spritzern Limettensaft abschmecken.

Blumenkohlauflauf mit Hackbällchen

Preiswert

Zutaten für 2 Portionen

400 g Blumenkohl
1 kleine Zwiebel
1 mittelgroße Karotte
100 g Rinderhack
Salz, Pfeffer
1 TL Rapsöl
1 EL Sonnenblumenöl
2 EL Vollkornmehl
4 EL Milch, 1,5 % Fett
150 ml Gemüsebrühe, evtl. noch 4 EL Blumenkohl-Kochwasser
geriebene Muskatnuss
2 EL geriebener Gouda, 30 % Fett i. Tr.
3 TL Paniermehl
1 EL gehackte Petersilie

Zubereitungszeit
25 Minuten
Garzeit
40 Minuten

Eine Portion enthält
426 Kilokalorien/1784 Kilojoule
29 g Eiweiß
22 g Fett
29 g Kohlenhydrate
38 mg Cholesterin
10 g Ballaststoffe

Zubereitung

1| Blumenkohl putzen und in Salzwasser einige Minuten liegenlassen. Wasser gut abtropfen lassen und in wenig kochendem Wasser zugedeckt ca. 15 Minuten garen. Das Kochwasser nicht wegschütten. Den Blumenkohl in Röschen teilen.

2| Zwiebel schälen und fein hacken, die Karotte waschen, schälen und auf einer Gemüsereibe fein reiben. Zwiebel und Karotten mit dem Hackfleisch verkneten, mit Salz und Pfeffer würzen und dann zu Bällchen (ca. 3 cm Durchmesser) formen.

3| Rapsöl in einer beschichteten Pfanne erhitzen und die Bällchen darin in ca. 5 Minuten knusprig anbraten.

4| Den Backofen auf 220 °C (Ober- und Unterhitze) vorheizen.

5| Sonnenblumenöl in einem kleinen Topf erhitzen und das Mehl darin anschwitzen. Mit der Milch, der Gemüsebrühe und evtl. etwas Blumenkohlwasser unter Rühren ablöschen und aufkochen lassen. Mit Salz, Pfeffer, Muskatnuss abschmecken.

6| Blumenkohl, Hackbällchen und Sauce in eine feuerfeste Form füllen. Den Käse mit dem Paniermehl mischen und darüberstreuen. Im heißen Ofen ca. 10 Minuten überbacken.

Hackfleischgratin mit Auberginen und Zucchini

Schmeckt der ganzen Familie

Zutaten für 2 Portionen

300 g Auberginen
300 g Zucchini
½ TL getrockneter Thymian
2 EL Rapsöl
Salz, Pfeffer
Paprikapulver
1 Zwiebel
2 Knoblauchzehen
150 g Rinderhack
250 g Dosentomaten
½ TL getrockneter Basilikum
6 EL geriebener Parmesan

Zubereitungszeit
20 Minuten
Garzeit
40 Minuten

Eine Portion enthält
388 Kilokalorien/1622 Kilojoule
31 g Eiweiß
24 g Fett
12 g Kohlenhydrate
58 mg Cholesterin
8 g Ballaststoffe

Zubereitung

1| Auberginen und Zucchini waschen, putzen und der Länge nach in 1 cm dicke Scheiben schneiden. Öl in einer beschichteten Pfanne erhitzen. Die Gemüsescheiben bei mittlerer Hitze von beiden Seiten braten. Mit Thymian, Paprikapulver und Pfeffer würzen. Gemüsescheiben in eine feuerfeste Auflaufform legen.

2| Backofen auf 200 °C (Ober- und Unterhitze) vorheizen.

3| Zwiebel und Knoblauchzehen schälen und fein würfeln, Tomaten klein schneiden. Zwiebel und Knoblauch in der heißen Pfanne anbraten, Hackfleisch dazugeben und kräftig anbraten. Mit klein geschnittenen Tomaten ablöschen und kräftig mit Basilikum, Paprikapulver, Pfeffer und etwas Salz abschmecken.

4| Hackfleischsauce über die vorbereiteten Gemüsescheiben gießen und mit Parmesan bestreuen. Im heißen Ofen ca. 20 Minuten gratinieren.

Fleischküchle mediterran

Mit Schafskäsefüllung

Zutaten für 2 Portionen (4 Küchle)

100 g Rinderhack
1 Ei
2 gehäufte EL Magerquark
2 EL Paniermehl
100 g Zucchini
2 getrocknete Tomaten
½ kleine Zwiebel
Salz, Pfeffer
mediterrane Kräuter,
  z. B. Basilikum, Thymian, Oregano
40 g Schafskäse, fettreduziert
1 EL Rapsöl

Zubereitungszeit
15 Minuten
Garzeit
10 Minuten

Eine Portion enthält
369 Kilokalorien/1544 Kilojoule
27 g Eiweiß
17 g Fett
18 g Kohlenhydrate
119 mg Cholesterin
2 g Ballaststoffe

Zubereitung

1| Rinderhack zusammen mit dem Ei, dem Quark und dem Paniermehl in eine Schüssel geben und vermengen.
2| Zucchini waschen, putzen und auf einer Küchenreibe grob reiben. Tomaten in schmale Streifen schneiden. Zwiebel schälen und fein würfeln. Alles zu dem Hackfleisch geben und gut vermengen. Kräftig mit Salz, Pfeffer und Kräutern abschmecken.
3| Aus dem Fleischteig 4 Fleischküchle formen, Schafskäse in 4 Stücke zerteilen und in die Fleischküchle hineindrücken, Teig wieder um den Käse verschließen.
4| Öl in einer beschichteten Pfanne erhitzen und die Küchle darin ca. 5–10 Minuten von beiden Seiten knusprig anbraten.

Hauptgerichte

Chicorée-Schinken-Gratin

Mit Orangenfilets

Zutaten für 2 Portionen

4 Chicoréestauden (à ca. 110 g)
1 Orange
1 TL Rapsöl
1 EL Vollkornmehl
100 ml Gemüsebrühe
Salz, Pfeffer
100 g gekochter Schinken in Scheiben, ohne Fettrand
1 Scheibe Edamer, 30 % Fett i. Tr.

Zubereitungszeit
20 Minuten
Garzeit
40 Minuten

Eine Portion enthält
273 Kilokalorien/1140 Kilojoule
22 g Eiweiß
12 g Fett
16 g Kohlenhydrate
34 mg Cholesterin
5 g Ballaststoffe

Zubereitung

1| Chicorée waschen, halbieren, den Strunk keilförmig herausschneiden und den Chicorée 1 Minute in kochendem Salzwasser blanchieren. Abtropfen lassen.

2| Orange halbieren, eine Hälfte auspressen, die andere schälen und die halben Filets herauslösen.

3| Den Backofen auf 150 °C (Ober- und Unterhitze) vorheizen.

4| Öl erhitzen und das Mehl zugeben. Mit Brühe und Orangensaft ablöschen und ca. 5 Minuten köcheln lassen. Sauce mit Salz und Pfeffer abschmecken.

5| Schinkenscheiben aufrollen und in eine Gratinform legen. Mit den Chicoréehälften abdecken, die Orangenfilets darauf verteilen. Käse in schmale Streifen schneiden und über den Chicorée legen. Sauce darübergießen und im heißen Ofen ca. 30 Minuten gratinieren.

Rindfleisch mit Ananas und Gemüsestreifen

Rindfleisch exotisch

Zutaten für 2 Portionen

1 Rumpsteak, ohne Fettrand (ca. 200 g)
2 Knoblauchzehen
2 EL Sojasauce
100 ml Ananassaft
1 TL Stärke
250 g frische Ananas
120 g Lauch
1 Karotte
2 EL Sojabohnensprossen oder andere Sprossen
1 EL Sojaöl
Salz, Pfeffer
Curry
Zitronengras

Zubereitungszeit
25 Minuten
Marinierzeit
30 Minuten
Garzeit
10 Minuten

Eine Portion enthält
391 Kilokalorien/1635 Kilojoule
36 g Eiweiß
12 g Fett
32 g Kohlenhydrate
73 mg Cholesterin
5 g Ballaststoffe

Zubereitung

1| Rumpsteak waschen, trocknen und in schmale Streifen schneiden. Knoblauchzehen schälen und fein würfeln. Sojasauce und Ananassaft vermischen und Stärke unterrühren. Fleisch und Knoblauch in der Marinade einlegen und ca. 30 Minuten marinieren.

2| Ananas schälen, Strunk entfernen und Ananasfruchtfleisch in Würfel schneiden. Lauch putzen, halbieren, unter fließendem Wasser gründlich waschen und in feine Streifen schneiden. Karotte waschen, schälen und in feine Streifen schneiden. Sprossen in einem Sieb gründlich waschen und gut abtropfen lassen.

3| Öl in einer beschichteten Pfanne erhitzen und Fleischstreifen darin von allen Seiten scharf anbraten. Fleisch herausnehmen, Ananas und Gemüsestreifen anbraten. Fleisch, Sprossen und Marinade zugeben und mit den Gewürzen kräftig abschmecken.

Hirschsugo mit Waldpilzen

Etwas zeitaufwendiger

Zutaten für 2 Portionen

200 g Hirschfleisch
1 Karotte
120 g Sellerie
2 kleine Zwiebeln
2 Knoblauchzehen
200 g Waldpilze
1 EL Rapsöl
Salz, Pfeffer
2 EL Tomatenmark
400 ml Wildfond
400 g Dosentomaten
2 Zweige Rosmarin
4 Wacholderbeeren

Zubereitungszeit
15 Minuten
Garzeit
1 ¾ Stunden

Eine Portion enthält
376 Kilokalorien/1573 Kilojoule
37 g Eiweiß
18 g Fett
14 g Kohlenhydrate
71 mg Cholesterin
15 g Ballaststoffe

Zubereitung

1| Hirschfleisch waschen, trocknen und in 1 cm große Würfel schneiden.
2| Karotte und Sellerie waschen, trocknen, putzen, schälen und ebenfalls würfeln. Zwiebeln und Knoblauchzehen schälen und in feine Würfel schneiden. Pilze mit einem Küchenkrepp von grobem Schmutz säubern, große Pilze halbieren und evtl. vierteln.
3| Öl in einem mittleren Topf erhitzen, Fleisch darin scharf anbraten, mit Salz und Pfeffer würzen und herausnehmen.
4| Vorbereitetes Gemüse und Pilze im gleichen Topf anbraten. Tomatenmark zugeben, kurz mitbraten und mit Wildfond ablöschen.
5| Fleisch, Tomaten, Rosmarinzweige und Wacholderbeeren in den Topf geben und bei mittlerer Hitze ca. 1,5 Stunden zugedeckt sanft schmoren lassen. Ggf. noch Wasser zufügen. Sugo am Ende der Garzeit evtl. erneut mit Salz und Pfeffer abschmecken.

Putengeschnetzeltes „Förster Art"

Etwas teurer

Zutaten für 2 Portionen

200 g Putenbrust
1 kleine Zwiebel
1 Knoblauchzehe
200 g Champignons
50 g Pfifferlinge
1 EL Rapsöl
1 EL Vollkornmehl, z. B. Weizen
200 ml Pilzfond
2 gehäufte EL Frischkäse, fettreduziert
Salz, Pfeffer
2 EL gehackter Schnittlauch

Zubereitungszeit
15 Minuten
Garzeit
10 Minuten

Eine Portion enthält
322 Kilokalorien/1345 Kilojoule
34 g Eiweiß
17 g Fett
8 g Kohlenhydrate
83 mg Cholesterin
5 g Ballaststoffe

Zubereitung

1| Putenfleisch waschen, trocknen und in schmale Streifen schneiden. Zwiebel und Knoblauchzehe schälen und fein würfeln. Champignons und Pfifferlinge vorsichtig putzen, Stielenden etwas abschneiden und die Champignons vierteln, große Pfifferlinge grob zerkleinern.
2| Hälfte des Öls in einem mittleren Topf erhitzen, Zwiebel- und Knoblauchwürfel darin glasig andünsten, Pilze zugeben und einige Minuten mitdünsten. Pilze herausnehmen, Mehl über restliche Zwiebelwürfelchen stäuben und mit etwas Pilzfond angießen, mit einem Schneebesen kräftig glatt rühren und weiter nach und nach Pilzfond angießen.
3| Aufkochen lassen und 1 Minute köcheln lassen, Frischkäse zugeben und in der Sauce schmelzen lassen. Sauce kräftig mit Salz und Pfeffer abschmecken.
4| Restliches Öl in einer beschichteten Pfanne erhitzen und die Putenstreifen darin kräftig von allen Seiten anbraten. Mit Salz und Pfeffer würzen und aus der Pfanne nehmen.
5| Pilze und angebratene Putenstreifen in die Sauce geben und 1–2 Minuten köcheln lassen. Geschnetzeltes mit Schnittlauch bestreut servieren.

Hähnchenspieße

Schmeckt der ganzen Familie

Zutaten für 2 Portionen

100 g Hähnchenbrust
8 Champignons
4 kleine Zwiebeln
4 Basilikumblätter
4 Cocktailtomaten
1 TL Raps
Salz, Pfeffer

Zubereitungszeit
15 Minuten
Garzeit
10 Minuten

Eine Portion enthält
93 Kilokalorien/387 Kilojoule
13 g Eiweiß
4 g Fett
2 g Kohlenhydrate
33 mg Cholesterin
1 g Ballaststoffe

Zubereitung

1| Hähnchenfleisch unter kaltem Wasser waschen, trocken tupfen und in Stücke schneiden. Pilze putzen und halbieren. Zwiebeln schälen und evtl. halbieren. Basilikum und Tomaten waschen und abtrocknen.
2| Backofen in der Grillfunktion vorheizen.
3| Zutaten abwechselnd auf 4 Holzspieße stecken, mit dem Öl bepinseln und mit Salz und Pfeffer würzen. Im heißen Backofengrill auf allen Seiten insgesamt ca. 10 Minuten grillen.

Fruchtiges Ofenhähnchen

Gelingt leicht

Zutaten für 2 Portionen

4 eigroße, festkochende Kartoffeln (ca. 350 g)
3 Karotten
2 kleine blaue Zwiebeln
1 Orange
1½ EL Rapsöl
3 EL süße Chilisauce
2 kleine Hähnchenbrustfilets (à ca. 100 g)
Salz, Pfeffer

Zubereitungszeit
20 Minuten
Garzeit
35–40 Minuten

Eine Portion enthält
427 Kilokalorien/1785 Kilojoule
30 g Eiweiß
14 g Fett
41 g Kohlenhydrate
66 mg Cholesterin
13 g Ballaststoffe

Zubereitung

1| Kartoffeln gründlich waschen und in Spalten schneiden. Karotten waschen, schälen und in 1 cm dicke Scheiben schneiden. Zwiebeln schälen und in Spalten schneiden.

2| Backofen auf 200 °C (Ober- und Unterhitze) vorheizen.

3| Orange waschen, eine Hälfte ungeschält in Spalten schneiden und die andere Hälfte auspressen. Etwas Orangensaft und die vorbereiteten Zutaten in eine Schüssel geben und mit 1 EL Öl und der Chilisauce vermengen. Auf ein Backblech verteilen und im heißen Backofen 20 Minuten garen

4| Hähnchenbrustfilets waschen und trocknen. Restliches Öl in einer beschichteten Pfanne erhitzen und Fleisch darin bei mittlerer Hitze auf jeder Seite goldbraun anbraten. Fleisch auf das Gemüse legen und weitere 10 Minuten im Ofen garen. Fleisch und Gemüse mit Salz und Pfeffer würzen.

Hauptgerichte mit Fisch

Exotischer Matjes

Mit Ingwer und Chili

Zutaten für 2 Portionen

3 Matjesfilets
¼ Galiamelone (ca. 400 g)
120 g Gurke
½ kleine blaue Zwiebel
1 kleines Stück Ingwer (20 g)
½ rote Chilischote
2 EL süße Chilisauce
1 EL Sojasauce
Salz, Pfeffer
4 Zweige Koriander
2 Scheiben Vollkornbrot

Zubereitungszeit
25 Minuten
Marinierzeit
15–20 Minuten

Eine Portion enthält
540 Kilokalorien/2256 Kilojoule
27 g Eiweiß
28 g Fett
45 g Kohlenhydrate
162 mg Cholesterin
3,4 g Omega-3-Fettsäuren
7 g Ballaststoffe

Zubereitung

1| Matjesfilets unter kaltem Wasser abspülen, trocknen und in schräge Scheiben schneiden. Melone entkernen, Schale entfernen und Fruchtfleisch in ca. 2 cm große Würfel schneiden. Gurke waschen, putzen und ebenfalls in 2 cm große Würfel schneiden. Zwiebel schälen und in feine Würfel schneiden.

2| Ingwer schälen und sehr fein würfeln. Chilischote waschen, trocknen, halbieren, entkernen und Chilischote in sehr feine Würfel schneiden.

3| Aus Chilisauce, Sojasauce, Ingwer, Chili, Salz und Pfeffer eine Marinade herstellen. Koriander waschen, Blättchen abzupfen und fein hacken. Zusammen mit den vorbereiteten Zutaten unter die Marinade mengen. Matjes 15–20 Minuten marinieren. Mit dem Brot servieren.

Matjes „Hausfrauen Art"

Mit Zwiebel und Apfel

Zutaten für 2 Portionen

4 Matjesfilets
1 Apfel
½ kleine Zwiebel
2 mittelgroße Essiggurken
3 EL Naturjoghurt, 1,5 % Fett
2 EL Buttermilch
Salz, Pfeffer
6 mittelgroße, gekochte Pellkartoffeln

Zubereitungszeit
20 Minuten
Marinierzeit
30 Minuten
Garzeit
20 Minuten

Eine Portion enthält
506 Kilokalorien/2115 Kilojoule
25 g Eiweiß
25 g Fett
44 g Kohlenhydrate
145 mg Cholesterin
2 g Omega-3-Fettsäuren
7 g Ballaststoffe

Zubereitung

1| Matjesfilets unter fließendem kaltem Wasser gründlich abspülen. Gegebenenfalls bei starkem Salzgeschmack Filets einige Zeit in kaltes Wasser einlegen. Danach in grobe Würfel schneiden.

2| Apfel waschen, halbieren, Kerngehäuse entfernen und Apfel in kleine Würfel schneiden. Gurken ebenfalls fein würfeln. Zwiebel schälen und in kleine Würfel schneiden.

3| Aus Joghurt, Buttermilch, Salz und Pfeffer eine Marinade herstellen. Restliche vorbereitete Zutaten unter die Marinade mengen und ca. 30 Minuten marinieren. Mit frisch gekochten, heißen Pellkartoffeln servieren.

Makrelen auf Ratatouille

Gelingt leicht, Omega-3-fettsäurereich

Zutaten für 2 Portionen

1 gelbe Paprikaschote
4 Tomaten
½ Aubergine
Saft von ½ Zitrone
Salz, Pfeffer
1 kleine Zwiebel
2 Knoblauchzehen
1 Handvoll Basilikumblätter
1 Zweig Thymian
2 Makrelenfilets (à 150 g)
1 EL Rapsöl
1 EL Tomatenmark
150 ml Gemüsebrühe
Cayennepfeffer
etwas geriebene Zitronenschale

Zubereitungszeit
20 Minuten
Marinierzeit
10 Minuten
Garzeit
15–20 Minuten

Eine Portion enthält
464 Kilokalorien/1940 Kilojoule
37 g Eiweiß
30 g Fett
12 g Kohlenhydrate
131 mg Cholesterin
3 g Omega-3-Fettsäuren
5 g Ballaststoffe

Zubereitung

1| Gemüse waschen, Paprika halbieren und entkernen. Tomaten halbieren, Strunk entfernen, Aubergine putzen und alle Gemüsesorten grob würfeln. Auberginenwürfel mit etwas Zitronensaft beträufeln und mit etwas Salz bestreuen und ca. 10 Minuten stehen lassen.

2| Zwiebel und Knoblauch schälen und fein würfeln. Kräuter waschen, trocknen, Basilikum fein schneiden und Thymianblättchen vom Stiel streifen.

3| Makrelenfilets waschen, trocken tupfen und mit dem restlichen Zitronensaft beträufeln, leicht salzen.

4| Öl in einem mittleren Topf erhitzen und die Auberginenwürfel darin anbraten. Zwiebel-, Knoblauch-, und Paprikawürfel zugeben und kurz mitdünsten.

5| Nun das Tomatenmark dazugeben und mit anschwitzen, mit Gemüsebrühe ablöschen und aufkochen lassen.

6| Fischfilets mit Pfeffer würzen und auf das Ratatouille setzen, die Tomatenwürfel mit den vorbereiteten Kräutern vermischen und ebenfalls mit Salz, Pfeffer und Cayennepfeffer pikant würzen. Die Tomatenwürfel auf die Fischfilets legen und mit etwas Zitronenschale bestreuen.

7| Den Fisch ca. 10 Minuten bei kleiner Hitze garen lassen.

Überbackene Makrelen mit Champignoncreme

Gelingt leicht

Zutaten für 2 Portionen

2 Makrelenfilets (à ca. 150 g)
1 EL Zitronensaft
Salz, Pfeffer
200 g Champignons
1 kleine Zwiebel
2 Knoblauchzehen
2 TL Rapsöl
1 EL Vollkornmehl
50 ml Fischfond
2 EL Frischkäse, fettreduziert
1 EL Petersilie

Zubereitungszeit
20 Minuten
Garzeit
25 Minuten

Eine Portion enthält
484 Kilokalorien/2025 Kilojoule
40 g Eiweiß
32 g Fett
10 g Kohlenhydrate
146 mg Cholesterin
3 g Omega-3-Fettsäuren
4 g Ballaststoffe

Zubereitung

1| Makrelenfilets waschen, trocknen, mit Zitronensaft beträufeln und leicht salzen.
2| Pilze mit einem Küchenkrepp vorsichtig säubern, Stielenden abschneiden und in schmale Scheiben schneiden. Zwiebel und Knoblauch schälen und in Würfel schneiden.
3| Backofen auf 200 °C (Ober- und Unterhitze) vorheizen.
4| Öl in einem kleinen Topf erhitzen und Zwiebel- und Knoblauchwürfel darin glasig anbraten. Pilze zugeben und 2–3 Minuten mitbraten. Mehl darüberstäuben, mit Fischfond ablöschen und mit einem Schneebesen kräftig rühren, damit sich keine Klümpchen bilden.
5| Frischkäse zugeben und alles 1 Minute köcheln lassen. Pilzmasse mit Salz, Pfeffer und Petersilie abschmecken.
6| Makrelen in eine feuerfeste Form legen, Pilzmasse darüber verteilen und im heißen Ofen ca. 15–18 Minuten gratinieren.

Fischragout mit Frühlingsgemüse

Gelingt leicht

Zutaten für 2 Portionen

300 g fettreicher Seefisch, z. B. Heilbutt, Makrele oder Lachs
1 EL Zitronensaft
Salz, Pfeffer
4 kleine Karotten (ca. 250 g)
200 g grüner Spargel
4 Frühlingszwiebeln
1 EL Rapsöl
2 Schmelzkäseecken, 30 % Fett i. Tr.
100 ml Fischfond

Zubereitungszeit
20 Minuten
Marinierzeit
10 Minuten
Garzeit
10 Minuten

Eine Portion enthält
492 Kilokalorien/2057 Kilojoule
42 g Eiweiß
33 g Fett
8 g Kohlenhydrate
61 mg Cholesterin
1,5 g Omega-3-Fettsäuren
6 g Ballaststoffe

Zubereitung

1| Fisch waschen, trocknen und in ca. 2 cm große Würfel schneiden. Fischwürfel mit Zitronensaft beträufeln, salzen und ca. 10 Minuten stehen lassen.

2| Gemüse waschen, putzen, Karotten und Spargel schälen und in ca. 3 cm lange Stücke schneiden. Frühlingszwiebeln ebenfalls in ca. 3 cm lange Stücke schneiden.

3| Öl in einem mittleren Topf erhitzen und vorbereitete Karotten und Spargelstücke darin andünsten, mit Fischfond ablöschen und ca. 5 Minuten bei mittlerer Hitze köcheln lassen. Schmelzkäse zugeben und unter Rühren schmelzen lassen. Ragout mit Salz und Pfeffer abschmecken. Frühlingszwiebeln und Fischwürfel zugeben und noch einige Minuten gar ziehen lassen.

Lachs-Spinat-Topf

Exotisch gewürzt mit Kurkuma

Zutaten für 2 Portionen

300 g Blattspinat (frisch oder TK)
1 Zitrone
250 g Lachsfilet (TK)
4 Schalotten
1 Knoblauchzehe
150 ml Milch, 1,5 % Fett
2 Schmelzkäseecken, 30 % Fett i. Tr.
½ TL Kurkuma
Salz, Pfeffer
Zimt

Zubereitungszeit
15 Minuten
Garzeit
10 Minuten

Eine Portion enthält
392 Kilokalorien/1640 Kilojoule
40 g Eiweiß
22 g Fett
7 g Kohlenhydrate
56 mg Cholesterin
1,3 g Omega-3-Fettsäuren
4 g Ballaststoffe

Zubereitung

1| Spinat verlesen, waschen und trocknen. Zitrone waschen, trocknen, etwas Schale abreiben, Zitrone halbieren und 2 EL Saft auspressen. Von der anderen Hälfte 4 dünne Scheiben abschneiden. Lachsfilets mit Zitronensaft beträufeln und mit der Schale bestreuen.

2| Zwiebeln und Knoblauch schälen und fein würfeln. Mit Milch, Käse und Gewürzen in einen mittleren Topf geben und aufkochen lassen. Spinat zugeben, frischen Spinat zugedeckt zusammenfallen lassen. Mit Salz und Pfeffer würzen.

3| Fisch mit Salz und Pfeffer würzen und mit den Zitronenscheiben belegen, auf den Spinat setzen und zugedeckt bei niedriger Hitze ca. 5 Minuten gar ziehen lassen.

Kräuterlachs aus der Aromafolie

Mit viel Gemüse und Kräutern

Zutaten für 2 Portionen

2 Karotten
220 g Lauch
2 Schalotten
2 EL Rapsöl
Salz, Pfeffer
2 Lachsfilets (à ca. 150 g)
1 EL Zitronensaft
je ½ Bund Petersilie,
  Basilikum,
  Zitronenthymian
2 EL gehackte Mandeln
1 Knoblauchzehe

Zubereitungszeit
25 Minuten
Garzeit
20 Minuten

Eine Portion enthält
553 Kilokalorien/2313 Kilojoule
36 g Eiweiß
41 g Fett
10 g Kohlenhydrate
53 mg Cholesterin
1,5 g Omega-3-Fettsäuren
9 g Ballaststoffe

Zubereitung

1| Karotten waschen, putzen und in schmale Streifen schneiden. Lauch putzen, halbieren, unter fließendem kaltem Wasser gründlich waschen und in halbe Ringe schneiden. Schalotten schälen und fein würfeln.

2| Hälfte des Öls in einer beschichteten Pfanne erhitzen und die Schalottenwürfel darin anbraten. Karottenstreifen und Lauchringe zugeben und ca. 5 Minuten mitdünsten. Gemüse mit Salz und Pfeffer würzen.

3| Lachs waschen, trocknen, mit Zitronensaft beträufeln und etwas Salz darüberstreuen.

4| Kräuter waschen, trocknen und die Blättchen abzupfen. Mandeln in einer beschichteten Pfanne ohne Fettzugabe anrösten und anschließend mit dem restlichen Öl in einem Mörser zerkleinern. Knoblauch schälen und zu dem Mandelöl dazupressen. Die Paste mit Salz und Pfeffer abschmecken.

5| Backofen auf 175 °C (Ober- und Unterhitze) vorheizen.

6| Lachs trocken tupfen und die Kräuterpaste daraufstreichen. Das Gemüse auf zwei große Stücke Backpapier oder Alufolie verteilen und den Fisch daraufsetzen. Das Papier bzw. die Folie gut verschließen und die Päckchen auf ein Backblech setzen. Die Päckchen im heißen Ofen 10 Minuten garen. Bei Verwendung von Alufolie verlängert sich die Garzeit auf ca. 15 Minuten.

Fischstäbchen hausgemacht

Schmeckt der ganzen Familie

Zutaten für 2 Portionen

2 Fischfilets, z. B. Lachs oder Heilbutt (ca. 250 g)
1 EL Zitronensaft
Salz
1 EL Vollkornmehl
1 Ei
2 EL Paniermehl
2 EL Rapsöl

Zubereitungszeit
10 Minuten
Garzeit
5–8 Minuten

Eine Portion enthält
402 Kilokalorien/1682 Kilojoule
32 g Eiweiß
21 g Fett
21 g Kohlenhydrate
163 mg Cholesterin
1,5 g Omega-3-Fettsäuren
2 g Ballaststoffe

Zubereitung

1| Fischfilets waschen, trocknen, in ca. 3 cm breite Streifen schneiden und mit Zitronensaft beträufeln, anschließend leicht salzen.
2| Fisch zuerst in Mehl wenden, danach in verquirltem Ei und zuletzt im Paniermehl.
3| Öl in einer beschichteten Pfanne erhitzen und die vorbereiteten Fischstäbchen im heißen Öl von allen Seiten knusprig braten.

Tipp
Fettreicher Seefisch liefert Omega-3-Fettsäuren, daher ist es empfehlenswert, z. B. Lachs oder Heilbutt als Fischsorte auszuwählen.

Gebratener Heilbutt mit Basilikum-Tomaten-Dip

Etwas teurer, Omega-3-Fettsäurereich

Zutaten für 2 Portionen

2 Heilbuttfilets (à ca. 150 g)
1 EL Zitronensaft
Salz
1 EL Vollkornmehl
1 Handvoll Basilikumblätter
½ kleine Zwiebel
6 Cocktailtomaten
5 EL Naturjoghurt, 1,5 % Fett
1 EL Rapsöl

Zubereitungszeit
20 Minuten
Garzeit
8 Minuten

Eine Portion enthält
417 Kilokalorien/1741 Kilojoule
25 g Eiweiß
31 g Fett
10 g Kohlenhydrate
76 mg Cholesterin
4,5 g Omega-3-Fettsäuren
2 g Ballaststoffe

Zubereitung

1| Fischfilets waschen, trocknen, mit Zitronensaft beträufeln und mit etwas Salz bestreuen. Fisch abtropfen lassen und im Mehl wenden.

2| Basilikum waschen und fein zerkleinern. Zwiebel schälen und fein würfeln. Tomaten waschen und vierteln. Basilikum, Zwiebel und Tomaten unter den Joghurt rühren und mit Salz und Pfeffer würzen.

3| Öl in einer beschichteten Pfanne erhitzen und die beiden Fischfilets darin ca. 5–8 Minuten goldgelb anbraten.

Kurzgebratene Thunfischsteaks

Mit fruchtigem Chutney

Zutaten für 2 Portionen

½ kleine Zwiebel
50 g Mango
50 g Banane
2 TL Sonnenblumenöl
50 ml Orangensaft
1 EL Ahornsirup
Salz, Pfeffer
Curry
Cayennepfeffer
2 Thunfischsteaks
  (à ca. 150 g)
1 EL Zitronensaft
1 EL Olivenöl

Zubereitungszeit
15 Minuten
Garzeit
10 Minuten

Eine Portion enthält
577 Kilokalorien/2413 Kilojoule
38 g Eiweiß
39 g Fett
19 g Kohlenhydrate
122 mg Cholesterin
6 g Omega-3-Fettsäuren
1 g Ballaststoffe

Zubereitung

1| Zwiebel schälen und in kleine Würfel schneiden. Mango und Banane schälen, Mangofruchtfleisch vom Stein schneiden und würfeln. Banane ebenfalls in Würfel schneiden.
2| Sonnenblumenöl in einem kleinen Topf erhitzen und vorbereitete Zutaten darin kräftig anbraten.
3| Mit Saft ablöschen, Ahornsirup und Gewürze zugeben und einige Minuten sirupartig einkochen.
4| Fisch waschen, trocknen, mit Zitronensaft beträufeln und leicht salzen. Olivenöl in einer beschichteten Pfanne erhitzen und die Fischsteaks darin von beiden Seiten kurz scharf anbraten. Nach 1–2 Minuten pro Seite herausnehmen und mit dem Chutney garniert sofort servieren.

Spaghetti di mare

Reich an Ballaststoffen und Omega-3-Fettsäuren

Zutaten für 2 Portionen

1 Lachsfilet (ca. 150 g)
1 Thunfischfilet (ca. 150 g)
1 EL Zitronensaft
Salz, Pfeffer
200 g Vollkornspaghetti
2 Schalotten
1 Knoblauchzehe
1 Zweig Rosmarin
1 Zweig Zitronenthymian
200 g passierte Tomaten
1 EL Rapsöl
Cayennepfeffer
1 Schuss Balsamicoessig

Zubereitungszeit
15 Minuten
Garzeit
15 Minuten

Eine Portion enthält
693 Kilokalorien/2898 Kilojoule
45 g Eiweiß
33 g Fett
52 g Kohlenhydrate
87 mg Cholesterin
4 g Omega-3-Fettsäuren
11 g Ballaststoffe

Zubereitung

1| Fischfilets waschen, trocknen und mit Zitronensaft beträufeln. Mit etwas Salz bestreut ca. 5 Minuten stehen lassen.
2| Reichlich Salzwasser zum Kochen bringen und die Spaghetti darin nach Packungsanweisung al dente garen.
3| Schalotten und Knoblauch schälen und fein würfeln. Kräuter waschen, trocknen, Nadeln bzw. Blättchen von den Stielen zupfen und hacken.
4| Öl in einem kleinen Topf erhitzen und Zwiebel- und Knoblauchwürfel darin glasig andünsten. Mit passierten Tomaten ablöschen, aufkochen lassen und mit Salz, Pfeffer, Cayennepfeffer und Essig abschmecken.
5| Fisch in Würfel schneiden und zu der Tomatensauce geben, Hitze zurückschalten und ca. 5 Minuten mitgaren. Sauce über die Spaghetti geben und servieren.

Thunfisch-Saltimbocca

Etwas teurer, Omega-3-fettsäurereich

Zutaten für 2 Portionen

4 Basilikumblätter
30 g Parmesan
4 Scheiben Thunfisch
  (à ca. 80 g)
2 TL Pesto
1 EL Rapsöl
Salz, Pfeffer

Zubereitungszeit
10 Minuten
Garzeit
4 Minuten

Eine Portion enthält
559 Kilokalorien/2337 Kilojoule
44 g Eiweiß
43 g Fett
0 g Kohlenhydrate
142 mg Cholesterin
6,5 g Omega-3-Fettsäuren
0 g Ballaststoffe

Zubereitung

1| Basilikumblätter waschen und trocknen. Parmesan in dünne Scheiben schneiden.
2| Thunfischscheiben zwischen Klarsichtfolie legen und vorsichtig 3–4 mm dünn klopfen. Jeweils eine Hälfte mit etwas Pesto bestreichen, mit einem Basilikumblatt und etwas Parmesan belegen, die andere Hälfte darüberklappen und mit Holzstäbchen zusammenstecken.
3| Öl in einer beschichteten Pfanne erhitzen, die vorbereiteten Saltimbocca pro Seite 1 Minute bei starker Hitze anbraten. Mit Salz und Pfeffer abschmecken und sofort servieren.

Hauptgerichte

Hauptgerichte vegetarisch

Gemüsecurry mit mariniertem Tofu

Exotisch gewürzt

Zutaten für 2 Portionen

250 g Tofu
2 EL Curry
1½ EL Sojaöl
2 Knoblauchzehen
1 Stück Ingwer (30 g)
1 grüne Chilischote
6 Frühlingszwiebeln
200 g grüner Spargel
200 g junge Karotten
Salz, Pfeffer
200 ml Gemüsebrühe
4 EL Kokosmilch
100 g Sojasprossen
Kurkuma, Zimt
einige Spritzer Limettensaft

Zubereitungszeit
20 Minuten
Marinierzeit
15 Minuten
Garzeit
20 Minuten

Eine Portion enthält
277 Kilokalorien/1156 Kilojoule
17 g Eiweiß
18 g Fett
11 g Kohlenhydrate
0 mg Cholesterin
9 g Ballaststoffe

Zubereitung

1| Tofu in 2 cm große Würfel schneiden. 1 Teelöffel Curry mit 1 Esslöffel Öl verrühren, mit dem Tofu vermischen und mindestens 15 Minuten marinieren.

2| Inzwischen Ingwer und Knoblauch schälen, Chilischote waschen, putzen und alles sehr fein würfeln. Frühlingszwiebeln waschen und putzen. Vom Spargel das untere Drittel schälen, die Enden abschneiden. Frühlingszwiebeln und Spargel in 3 cm lange Stücke schneiden. Karotten waschen, putzen, schälen und in ca. 3 cm lange Stifte schneiden.

3| Tofu in einem heißen Wok (oder einer beschichteten Pfanne) 5 Minuten anbraten, salzen und herausnehmen. Restliches Öl im Wok erhitzen. Knoblauch, Ingwer, Chili, Frühlingszwiebeln, Spargel und Karotten unter Rühren 5 Minuten braten und salzen. Mit 1 Teelöffel Curry bestäuben und kurz mitbraten.

4| Brühe und Kokosmilch zugießen, aufkochen und bei mittlerer Hitze 5–7 Minuten kochen. Tofu und die Hälfte der Sojasprossen untermischen und 3 Minuten mitkochen. Das Curry mit den Gewürzen und einigen Spritzern Limettensaft abschmecken. Mit den restlichen Sojasprossen bestreut servieren.

Tipp
Waschen Sie nach dem Schneiden der Chilischote gründlich Ihre Hände.

Tomatenrisotto mit gebratenem Tofu

Gelingt leicht

Zutaten für 2 Portionen

1 Knoblauchzehe
je 2 Zweige Oregano, Basilikum, Thymian
1 EL Rapsöl
300 g Tofu
1 kleine Zwiebel
1 TL Olivenöl
120 g Vollkornreis
200 ml heiße Gemüsebrühe
100 ml Tomatensaft
Salz, Pfeffer

Zubereitungszeit
25 Minuten
Marinierzeit
30 Minuten
Garzeit
55 Minuten

Eine Portion enthält
448 Kilokalorien/1872 Kilojoule
19 g Eiweiß
19 g Fett
50 g Kohlenhydrate
0 mg Cholesterin
3 g Ballaststoffe

Zubereitung

1| Knoblauchzehe schälen und fein würfeln. Kräuter waschen, trocknen, Blättchen abzupfen und fein hacken. Knoblauch und Kräuter mit dem Öl vermengen. Tofu in Würfel schneiden und mit dem Kräuteröl ca. 30 Minuten marinieren.

2| Zwiebel schälen und fein würfeln. Öl in einem kleinen Topf erhitzen und Zwiebelwürfel darin glasig andünsten. Reis zugeben und mit etwas Gemüsebrühe ablöschen.

3| Risotto unter Rühren und stetigem Nachgießen der heißen Brühe und des Tomatensaftes in ca. 45–50 Minuten garen. Falls die Flüssigkeit zu schnell verdampft, geben Sie einfach noch etwas Wasser hinzu. Risotto mit Salz und Pfeffer würzen.

4| Eine beschichtete Pfanne erhitzen und marinierten Tofu ohne Fettzugabe bei mittlerer Hitze goldbraun braten. Tofuwürfel zu dem Risotto servieren.

Backofenkartoffeln mit grünem Spargel

Etwas teurer

Zutaten für 2 Portionen

450 g Frühkartoffeln
1 EL Rapsöl
grobes Meersalz, Pfeffer
500 g grüner Spargel
einige Blätter Basilikum

Zubereitungszeit
25 Minuten
Garzeit
30 Minuten

Eine Portion enthält
245 Kilokalorien/1022 Kilojoule
8 g Eiweiß
9 g Fett
33 g Kohlenhydrate
0 mg Cholesterin
8 g Ballaststoffe

Zubereitung

1| Backofen auf 220 °C (Ober- und Unterhitze) vorheizen.
2| Kartoffeln gründlich waschen, trocknen und halbieren. Ein Backblech mit Backpapier auslegen. Öl mit Salz und Pfeffer vermengen und Kartoffelhälften mit der Hälfte des Gewürzöls bestreichen. Kartoffeln auf dem Blech verteilen und im heißen Ofen ca. 20 Minuten backen.
3| Spargel waschen, trocknen, unteres Drittel schälen, Enden abschneiden, Spargelstangen halbieren und in ca. 10 cm lange Stücke schneiden. Spargel mit dem restlichen Öl bestreichen, zu den Kartoffeln auf das Blech geben und weitere 10 Minuten backen.
4| Basilikumblätter waschen, trocknen, klein schneiden und über die fertig gegarten Kartoffel- und Spargelstücke verteilen.

Tipp
Genießen Sie zu den Backofenkartoffeln mit grünem Spargel unseren Rucola-Frischkäse-Dip von Seite 104.

Papas arrugadas mit Tomaten-Basilikum-Dip

Runzelkartoffeln von den Kanaren

Zutaten für 2 Portionen

400 g Frühkartoffeln
75 g grobes Meersalz, Pfeffer
2 mittelgroße Tomaten
1 Knoblauchzehe
1 Handvoll Basilikumblätter
1 EL schwarze Oliven
1 EL Rapsöl
1 EL Balsamicoessig

Zubereitungszeit
25 Minuten
Garzeit
20 Minuten

Eine Portion enthält
246 Kilokalorien/1030 Kilojoule
5 g Eiweiß
10 g Fett
32 g Kohlenhydrate
0 mg Cholesterin
6 g Ballaststoffe

Zubereitung

1| Kartoffeln gründlich waschen und abbürsten. Mit dem Meersalz in einen Topf geben und mit so viel kochend heißem Wasser auffüllen, dass die Kartoffeln gerade bedeckt sind. Zugedeckt bei milder Hitze 20 Minuten kochen lassen.

2| Kartoffeln abgießen und auf dem ausgeschalteten Herd ausdämpfen lassen, dabei gelegentlich durchrütteln, bis die Kartoffeln rundum von einer Salzschicht überzogen sind.

3| Tomaten waschen, halbieren, Strunk herausschneiden und die Tomaten in grobe Würfel schneiden. Knoblauch schälen und fein hacken. Basilikum waschen und klein schneiden. Oliven in kleine Würfel schneiden. Vorbereitete Zutaten in eine kleine Schüssel geben und mit Öl, Essig und Pfeffer abschmecken. Den Tomaten-Dip zu den Kartoffeln servieren.

Nudelauflauf mit Mais und Champignons

Gelingt leicht

Zutaten für 2 Portionen

120 g Vollkornnudeln, z. B. Penne
200 g Mais (Dose)
6 Champignons
½ kleine Zwiebel
1 Knoblauchzehe
2 TL Rapsöl
Salz, Pfeffer
1 EL Diätmargarine
1 EL Vollkornmehl
50 ml Milch, 1,5 % Fett
50 ml Gemüsebrühe
1 Stück Edamer, 30 % Fett i. Tr. (ca. 60 g)

Zubereitungszeit
15 Minuten
Garzeit
30 Minuten

Eine Portion enthält
503 Kilokalorien/2103 Kilojoule
24 g Eiweiß
20 g Fett
56 g Kohlenhydrate
14 mg Cholesterin
11 g Ballaststoffe

Zubereitung

1| Reichlich Salzwasser zum Kochen bringen und Nudeln darin al dente garen.
2| Mais gut abtropfen lassen, Champignons mit einem Küchenkrepp von Schmutz säubern, Stiel etwas abschneiden und Pilze vierteln. Zwiebel und Knoblauch schälen und fein würfeln.
3| Öl in einer beschichteten Pfanne erhitzen und Zwiebel- und Knoblauchwürfel darin glasig andünsten. Pilze zugeben und einige Minuten mitgaren. Mais untermengen und mit Salz und Pfeffer abschmecken, Pfanne zur Seite stellen.
4| Backofen auf 175 °C (Ober- und Unterhitze) vorheizen.
5| Margarine in einem kleinen Topf schmelzen lassen, Mehl zugeben und rasch verrühren, mit Milch ablöschen und kräftig rühren. Gemüsebrühe zugießen und 2–3 Minuten köcheln lassen. Sauce mit Salz und Pfeffer abschmecken.
6| Käse auf einer Küchenreibe reiben. Abgetropfte Nudeln, Gemüsemischung und Sauce gut vermengen und in eine feuerfeste Auflaufform geben. Mit geriebenem Käse bestreuen und ca. 20 Minuten im heißen Backofen garen.

Tipp
Der Auflauf schmeckt auch mit vielen anderen Gemüsesorten sehr lecker, variieren Sie doch einmal mit Ihrem Lieblingsgemüse.

Spirelli mit Avocado-Tomaten-Salsa

Geht schnell, cholesterinsenkend

Zutaten für 2 Portionen

200 g Vollkornspirelli
1 kleine Avocado
1 EL Limettensaft
10 Cocktailtomaten
1 Knoblauchzehe
½ Bund Basilikum
Salz, Pfeffer
Cayennepfeffer

Zubereitungszeit
10 Minuten
Garzeit
10 Minuten

Eine Portion enthält
510 Kilokalorien/2132 Kilojoule
16 g Eiweiß
22 g Fett
63 g Kohlenhydrate
0 mg Cholesterin
15 g Ballaststoffe

Zubereitung

1| Reichlich Salzwasser zum Kochen bringen und die Nudeln darin al dente kochen.
2| Avocado halbieren, Stein entfernen und das Fruchtfleisch mit einem Löffel aus der Schale heben. Fruchtfleisch mit einer Gabel zerdrücken und mit Limettensaft beträufeln.
3| Tomaten waschen und vierteln. Knoblauch schälen und fein hacken. Basilikumblätter von den Stielen zupfen, waschen, trocknen und klein schneiden.
4| Avocadopüree, Tomaten, Knoblauch, Basilikumstreifen und etwas Nudelwasser in einem kleinen Topf vorsichtig erwärmen, allerdings nicht kochen lassen. Die Sauce mit Salz, Pfeffer und Cayennepfeffer abschmecken.
5| Abgetropfte Nudeln mit der Sauce vermengen und gleich servieren.

Paprika-Penne

Gesund mit Vollkornnudeln

Zutaten für 2 Portionen

1 kleine Zwiebel
1 Knoblauchzehe
1 getr. kleine Chilischote
1 rote Paprika
2 Stiele Basilikum
180 g Vollkorn-Penne
Salz
1 EL Olivenöl
200 ml Gemüsebrühe
1 EL Rosinen
Pfeffer
etwas Zucker
2 Msp. Zimtpulver
4 EL Parmesan

Zubereitungszeit
10 Minuten
Garzeit
ca. 20 Minuten

Eine Portion enthält
474 Kilokalorien/1981 Kilojoule
18 g Eiweiß
14 g Fett
67 g Kohlenhydrate
13 g Ballaststoffe
9 mg Cholesterin
0,2 g Omega-3-Fettsäuren

Zubereitung

1| Die Zwiebel und Knoblauchzehe schälen und in kleine Würfel schneiden. Die Chilischote halbieren und fein hacken. Die Paprika waschen, halbieren, putzen und in kleine Würfel schneiden. Das Basilikum waschen, trocken tupfen und die Blättchen abzupfen.

2| Die Nudeln in reichlich kochendem Salzwasser nach Packungsanweisung garen.

3| Inzwischen das Öl in einem kleinen Topf erhitzen und Zwiebeln, Knoblauch und Chili 2 Minuten darin andünsten. Die Paprikawürfel zugeben und 3 Minuten mitdünsten. Die Gemüsebrühe und Rosinen zugeben und 5 Minuten kochen lassen. Die Sauce mit Salz, Pfeffer, Zucker, Zimt und Basilikumblättern würzen.

4| Die Nudeln abgießen und tropfnass mit der Paprikasauce mischen. Mit Parmesan bestreut servieren.

Gefüllte Zucchini mit Tomaten und Schafskäse

Gelingt leicht

Zutaten für 2 Portionen

2 Zucchini
2 mittelgroße Tomaten
Salz, Pfeffer
1 mittelgroße Zwiebel
1 Knoblauchzehe
1 EL Rapsöl
2 EL Tomatenmark
1 Schuss Balsamicoessig
Cayennepfeffer
60 g Schafskäse, fettreduziert

Zubereitungszeit
20 Minuten
Garzeit
20 Minuten

Eine Portion enthält
216 Kilokalorien/902 Kilojoule
10 g Eiweiß
11 g Fett
10 g Kohlenhydrate
14 mg Cholesterin
4 g Ballaststoffe

Zubereitung

1| Zucchini waschen, putzen, halbieren und mit einem Teelöffel aushöhlen. Das Zucchinifleisch klein schneiden. Tomaten waschen, halbieren, Strunk herausschneiden und Tomatenhälften in kleine Würfel schneiden. Leere Zucchinihälften mit Salz und Pfeffer würzen.

2| Zwiebel und Knoblauch schälen und fein würfeln.

3| Den Backofen auf 180 °C (Ober- und Unterhitze) vorheizen.

4| Öl in einer beschichteten Pfanne erhitzen, Zwiebel- und Knoblauchwürfel darin glasig andünsten, Zucchinifleisch und Tomatenwürfel zugeben und 1–2 Minuten mit andünsten. Tomatenmark und Balsamicoessig zugeben und mit Salz, Pfeffer und Cayennepfeffer abschmecken.

5| Zucchinihälften in eine feuerfeste Auflaufform setzen, mit der Tomaten-Zucchini-Masse füllen, den Schafskäse darüberbröckeln und im heißen Ofen ca. 15 Minuten überbacken.

Gefüllte Gemüsezwiebeln mit Mangold und Walnüssen

Braucht etwas mehr Zeit

Zutaten für 2 Portionen

2 große Gemüsezwiebeln
½ l Gemüsebrühe
150 g Mangold
2 Knoblauchzehen
1 EL Rapsöl
2 gehäufte EL gehackte Walnüsse
1 EL Paniermehl
Salz, Pfeffer
60 g Mozzarella, fettreduziert

Zubereitungszeit
20 Minuten
Garzeit
70 Minuten

Eine Portion enthält
424 Kilokalorien/1774 Kilojoule
17 g Eiweiß
31 g Fett
19 g Kohlenhydrate
14 mg Cholesterin
7 g Ballaststoffe

Zubereitung

1| Zwiebeln schälen und in der Brühe ca. 15–20 Minuten garen. Kappe abschneiden und bis auf eine stabile Außenhülle aushöhlen. Das Zwiebelinnere klein schneiden.

2| Mangold waschen, putzen und in kochendem Salzwasser kurz blanchieren, danach grob hacken.

3| Backofen auf 175 °C (Ober- und Unterhitze) vorheizen.

4| Knoblauch schälen und fein hacken. Öl in einer beschichteten Pfanne erhitzen und Knoblauch und Walnüsse darin anbraten, Paniermehl zugeben und mit Salz und Pfeffer abschmecken. Mangold und Zwiebelinneres untermengen und in die ausgehöhlten Zwiebeln füllen.

5| Mozzarella in schmale Scheiben schneiden und auf den Zwiebeln verteilen. Im heißen Ofen ca. 40 Minuten garen.

Gegrilltes Mozzarella-Gemüse aus dem Foliennest

Gut vorzubereiten, für die Grillsaison

Zutaten für 2 Portionen

125 g Mozzarella, fettreduziert
400 g Zucchini
300 g Cocktailtomaten
2 Zweige Rosmarin
1 Zweig Zitronenthymian
1 Knoblauchzehe
1 EL Olivenöl
Salz, Pfeffer

Zubereitungszeit
20 Minuten
Garzeit
12 Minuten

Eine Portion enthält
298 Kilokalorien/1246 Kilojoule
18 g Eiweiß
22 g Fett
9 g Kohlenhydrate
29 mg Cholesterin
4 g Ballaststoffe

Zubereitung

1| Mozzarella abtropfen lassen und in schmale Scheiben schneiden. Zucchini und Tomaten waschen, Zucchini putzen und in Scheiben schneiden, Tomaten halbieren.

2| Rosmarin und Thymian waschen, trocknen, Rosmarinnadeln und Thymianblättchen von den Zweigen zupfen. Knoblauch schälen, fein würfeln und mit dem Olivenöl und den Kräutern vermischen.

3| 4 Streifen Alufolie (je ca. 20 cm breit) zuschneiden, die Ränder hochklappen und zu Nestern formen. Gemüse und Käse darin verteilen, mit Knoblauch-Kräuter-Öl beträufeln und mit Salz und Pfeffer würzen. Auf dem heißen Grill 10–12 Minuten braten.

Kohlrabischnitzel mit Zitronenpanade

Preiswert

Zutaten für 2 Portionen

2 mittelgroße Kohlrabi (à ca. 220 g)
1 Zitrone
3 EL Paniermehl
Salz, Pfeffer
1 EL Vollkornmehl
1 Ei
1 Knoblauchzehe
1 EL Rapsöl

Zubereitungszeit
15 Minuten
Garzeit
20 Minuten

Eine Portion enthält
337 Kilokalorien/1408 Kilojoule
13 g Eiweiß
13 g Fett
42 g Kohlenhydrate
119 mg Cholesterin
7 g Ballaststoffe

Zubereitung

1| Kohlrabi waschen, schälen und in ca. 0,5 cm dicke Scheiben schneiden. In wenig Salzwasser bissfest dünsten. Die Scheiben herausnehmen und gut abtropfen lassen.

2| Zitrone waschen und mit einer Küchenreibe die Schale fein abreiben. Schale mit dem Paniermehl mischen. Zitrone auspressen. Die Kohlrabischeiben mit Salz und Pfeffer würzen und mit Zitronensaft beträufeln. Kohlrabischeiben in Mehl, danach in verquirltem Ei und zuletzt in der Zitronenpanade wenden.

3| Knoblauch schälen, halbieren und in schmale Scheiben schneiden. Öl in einer beschichteten Pfanne erhitzen und Knoblauchscheiben im heißen Öl anbraten. Knoblauchscheiben aus dem Öl herausnehmen, sobald der Knoblauch braun wird.

4| Kohlrabischnitzel im heißen Öl bei niedriger Hitze goldbraun backen. Vor dem Servieren mit Zitronensaft beträufeln.

Gemüse-Grünkern-Küchlein

Gut vorzubereiten

Zutaten für 2 Portionen

1 kleine blaue Zwiebel
1 Karotte
120 g Sellerie
120 g Lauch
1 TL Rapsöl
2 EL Grünkernschrot
400 ml Gemüsebrühe
Salz, Pfeffer
Muskatnuss
60 g Gouda, 30 % Fett i. Tr.
2 EL gehackter Schnittlauch
2 EL Quark, Magerstufe
1 EL Rapsöl

Zubereitungszeit
25 Minuten
Garzeit
30 Minuten

Eine Portion enthält
328 Kilokalorien/1372 Kilojoule
19 g Eiweiß
18 g Fett
22 g Kohlenhydrate
11 mg Cholesterin
8 g Ballaststoffe

Zubereitung

1| Zwiebel schälen und fein würfeln. Gemüse waschen, putzen und trocknen. Karotte und Knollensellerie schälen und auf einer Küchenreibe grob raffeln. Lauch unter fließendem kaltem Wasser gründlich waschen und in feine Streifen schneiden.

2| Einen Teelöffel Öl in einem kleinen Topf erhitzen, Gemüsestreifen und Zwiebelwürfel einige Minuten andünsten. Grünkernschrot zugeben, mit Gemüsebrühe ablöschen und aufkochen lassen. Muskatnuss, Pfeffer und Salz zufügen und die Masse ca. 12–15 Minuten bei schwacher Hitze köcheln lassen. Bei Bedarf noch etwas Wasser zufügen.

3| Käse fein reiben und zusammen mit Schnittlauchröllchen und Quark unter die etwas abgekühlte Masse mengen. Bei Bedarf nochmals abschmecken.

4| Restliches Öl in einer beschichteten Pfanne erhitzen. Aus der Masse mit nassen Händen Küchlein formen und im heißen Öl bei nicht zu starker Hitze knusprig anbraten.

Käse-Kresse-Pfannkuchen

Preiswert

Zutaten für 2 Portionen

1,5 kleine Gläser Milch, 1,5 % Fett
1 Ei
2 gehäufte EL Quark, Magerstufe
Salz
50 g Mehl, Typ 550
50 g Dinkelvollkornmehl
2 gehäufte EL Kresse
1 Stück Schnittkäse, 30 % Fett i. Tr., z. B. Edamer (ca. 60 g)
Pfeffer
1 EL Rapsöl

Zubereitungszeit
15 Minuten

Quellzeit
10 Minuten

Garzeit
5–8 Minuten

Eine Portion enthält
422 Kilokalorien/1764 Kilojoule
25 g Eiweiß
19 g Fett
38 g Kohlenhydrate
135 mg Cholesterin
4 g Ballaststoffe

Zubereitung

1| Milch, Ei, Quark, Salz, Mehl mit den Schneebesen des Handrührgerätes verrühren, Mehl unterrühren und den Teig 10 Minuten quellen lassen.
2| Kresse waschen und trocknen. Käse auf einer Küchenreibe grob reiben. Kresse und Käse unter den Pfannkuchenteig mengen. Den Teig mit Pfeffer würzen.
3| Die Hälfte des Öls in einer beschichteten Pfanne erhitzen und aus der Hälfte des Teiges einen Pfannkuchen backen. Restliches Öl erhitzen und einen weiteren Pfannkuchen backen.

Tipps & Hinweise
Genießen Sie zu den Pfannkuchen einen knackigen Blattsalat mit Radieschen und vielen frischen Kräutern.
Falls der Teig zu dickflüssig ist, rühren Sie noch etwas kohlensäurehaltiges Mineralwasser hinzu.

Maiskolben aus der Folie

Braucht etwas mehr Zeit

Zutaten für 2 Portionen

2 große, frische Maiskolben (à ca. 500 g)
1 TL Diätmargarine
1 Knoblauchzehe
2 TL gehackte Kräuter, z. B. Petersilie, Schnittlauch, Kerbel
½ kleine Zwiebel (ca. 40 g)
1 kleine Karotte (ca. 50 g)
1 kleines Stück Zucchino (ca. 50 g)
1 TL Rapsöl
100 ml Gemüsebrühe
1 EL Zitronensaft

Zubereitungszeit
15 Minuten
Garzeit
40 Minuten

Eine Portion enthält
388 Kilokalorien/1620 Kilojoule
13 g Eiweiß
10 g Fett
59 g Kohlenhydrate
0 mg Cholesterin
12 g Ballaststoffe

Zubereitung

1| Maiskolben von den Blättern und Fäden befreien, waschen und trockentupfen. Pro Maiskolben ein entsprechend großes Stück Alufolie mit je ½ TL der Diätmargarine bestreichen, die Maiskolben darauflegen und die Ränder hochbiegen.

2| Knoblauch und Zwiebel schälen und fein würfeln. Karotte und Zucchino waschen, putzen und in kleine Würfel schneiden.

3| Den Backofen auf 180 °C (Ober- und Unterhitze) vorheizen.

4| Rapsöl in einer beschichteten Pfanne erhitzen und die Zwiebel- und Knoblauchwürfel darin anschwitzen. Karotten und Zucchinowürfel zugeben und ca. 2 Minuten mitdünsten. Gemüsebrühe und Zitronensaft zugießen und mit Kräutern, Pfeffer, Cayennepfeffer und etwas Salz würzen.

5| Sauce über den Maiskolben verteilen, die Alufolie gut verschließen und die Kolben im heißen Backofen ca. 35 Minuten garen.

Kürbisgemüse mit Pfiff

Gelingt leicht

Zutaten für 2 Portionen

½ kleiner Hokkaidokürbis (ca. 650 g)
1 kleine Zwiebel
1 Stück Ingwer (ca. 20 g)
2 TL Rapsöl
100 ml Gemüsebrühe
50 ml Orangensaft
Salz, Pfeffer
2 EL Frischkäse, fettreduziert (ca. 40 g)

Zubereitungszeit
15 Minuten
Garzeit
20 Minuten

Eine Portion enthält
191 Kilokalorien/798 Kilojoule
6 g Eiweiß
11 g Fett
16 g Kohlenhydrate
15 mg Cholesterin
7 g Ballaststoffe

Zubereitung

1| Kürbis waschen, entkernen und in mundgerechte Würfel schneiden. Zwiebel und Ingwer schälen und fein würfeln.

2| Öl erhitzen und Zwiebel- und Ingwerwürfel darin glasig andünsten. Kürbis zugeben und mit der Gemüsebrühe und dem Orangensaft ablöschen und ca. 10–15 Minuten zugedeckt garen.

3| Das Gemüse mit Salz und Pfeffer abschmecken und mit dem Frischkäse verfeinern.

Kartoffel-Spitzkohl-Gemüse

Preiswert

Zutaten für 2 Portionen

450 g Kartoffeln
Salz
½ kleine Zwiebel
1 Knoblauchzehe
500 g Spitzkohl
1 TL Rapsöl
200 ml Gemüsebrühe
2 EL Frischkäse, fettreduziert
Pfeffer, Muskatnuss, Salz

Zubereitungszeit
15 Minuten
Garzeit
30 Minuten

Eine Portion enthält
301 Kilokalorien/1259 Kilojoule
12 g Eiweiß
9 g Fett
42 g Kohlenhydrate
15 mg Cholesterin
12 g Ballaststoffe

Zubereitung

1| Kartoffeln waschen, abbürsten und in wenig Salzwasser ca. 20 Minuten garen.
2| Zwiebel und Knoblauchzehe schälen und fein würfeln. Spitzkohl putzen, waschen und in schmale Streifen schneiden.
3| Öl in einem Topf erhitzen und die Zwiebel- und Knoblauchwürfel darin andünsten. Spitzkohl zugeben und mit der Gemüsebrühe ablöschen und ca. 10 Minuten garen.
4| Kartoffeln schälen und in Scheiben schneiden, zum Spitzkohlgemüse geben und mit dem Frischkäse verfeinern. Mit Salz, Pfeffer und Muskatnuss kräftig abschmecken.

Tipps & Hinweise
Spitzkohl ist besonders aromatisch und auch zarter als die anderen Kohlsorten. Dadurch lässt er sich sehr gut für feine Gerichte verwenden. Probieren Sie Spitzkohl doch auch einmal als Pfannengemüse in Kombination mit Ihren Lieblingsgemüsen.

Karamellisierte Steckrübe

Preiswert

Zutaten für 2 Portionen

500 g Steckrübe
1 kleines Stück Ingwer (ca. 20 g)
½ kleines Bund frische Petersilie
4 TL brauner Zucker
2 EL Diätmargarine
Salz, Pfeffer

Zubereitungszeit
15 Minuten
Garzeit
25 Minuten

Eine Portion enthält
204 Kilokalorien/854 Kilojoule
3 g Eiweiß
12 g Fett
20 g Kohlenhydrate
0 mg Cholesterin
6 g Ballaststoffe

Zubereitung

1| Steckrübe waschen, schälen und in 1 cm dicke Scheiben schneiden. Scheiben in Stifte schneiden. Ingwer schälen und sehr fein würfeln. Petersilie waschen, trocknen und die Blättchen grob hacken.

2| Zucker in einen Topf geben und bei mittlerer Hitze schmelzen. Erst rühren, wenn der Zucker am Rand zu schmelzen beginnt, den kompletten Zucker karamellisieren lassen. Den Topf vom Herd nehmen. Margarine unter das Karamell rühren. Tropfnasse Steckrübenstifte zugeben, Ingwer dazumischen und zugedeckt bei mittlerer Hitze 15–20 Minuten garen. Den Topf zwischendurch wiederholt rütteln, damit die Steckrübenstifte gleichmäßig mit Karamell überzogen werden.

3| Anschließend mit Salz, Pfeffer und Petersilie abschmecken.

Tipps & Hinweise
Probieren Sie dieses Gericht auch einmal mit Karotten oder Kohlrabi, falls Sie keine Steckrüben bekommen können.
Menschen mit erhöhten Blutfettwerten (Triglyzeriden) sollten dieses Rezept selten genießen, da der verwendete Zucker eine steigernde Wirkung auf die Blutfette hat.

Überbackener Blumenkohl

Preiswert

Zutaten für 2 Portionen

1 kleiner Kopf Blumenkohl (ca. 500 g)
Salz
100 g saure Sahne, 10 % Fett
2 gehäufte EL geriebener Käse, 30 % Fett i. Tr. (ca. 50 g)
½ Bund frische Kräuter, z. B. Schnittlauch oder Petersilie
1 TL Sonnenblumenkerne
1 TL Leinsamen
Pfeffer

Zubereitungszeit
25 Minuten
Garzeit
25 Minuten

Eine Portion enthält
203 Kilokalorien/848 Kilojoule
16 g Eiweiß
12 g Fett
4 g Kohlenhydrate
28 mg Cholesterin
8 g Ballaststoffe

Zubereitung

1| Den Blumenkohl von Blättern und schlechten Stellen befreien. Den Strunk entfernen und den Blumenkohl gründlich waschen. Blumenkohl 10 Minuten in kaltes, stark gesalzenes Wasser legen, um evtl. vorhandene Insekten zu entfernen.

2| Blumenkohl mit dem Strunk nach unten in kochendes Salzwasser geben, erneut aufkochen lassen und bei schwacher Hitze ca. 15 Minuten garen lassen.

3| Den Backofen auf 225 °C (Ober- und Unterhitze) vorheizen.

4| Sahne und Käse verrühren. Kräuter waschen, je nach Sorte zerkleinern (Schnittlauch in feine Röllchen schneiden, Petersilie von den Stielen zupfen und Blättchen mit einem großen Messer fein wiegen). Kräuter zusammen mit dem Leinsamen und den Sonnenblumenkernen unter die Sahne-Käse-Masse rühren und mit Salz und Pfeffer abschmecken.

5| Den gekochten Blumenkohl in eine feuerfeste Auflaufform setzen, die Sahne-Käse-Masse darauf verteilen und im heißen Ofen ca. 10 Minuten überbacken.

Grillgemüsepäckchen aus dem Ofen

Gelingt leicht

Zutaten für 2 Portionen

4 Schalotten
4 Frühjahrskarotten (ca. 220 g)
1 kleiner junger Kohlrabi (ca. 220 g)
4 eigroße junge Kartoffeln (ca. 250 g)
½ Bund Zitronenthymian
1 EL Rapsöl
1 TL flüssiger Honig, z. B. Akazie
Salz, Pfeffer

Zubereitungszeit
35 Minuten
Garzeit
45–50 Minuten

Eine Portion enthält
226 Kilokalorien/944 Kilojoule
7 g Eiweiß
9 g Fett
29 g Kohlenhydrate
28 mg Cholesterin
9 g Ballaststoffe

Zubereitung

1| Schalotten schälen, halbieren und vierteln. Karotten waschen, putzen, schälen und in grobe Stifte schneiden. Kohlrabi waschen, putzen, schälen und ebenfalls in grobe Stifte schneiden. Kartoffeln gründlich waschen, bürsten, trocknen und der Länge nach vierteln.

2| Den Backofen auf 200 °C (Ober- und Unterhitze) vorheizen.

3| Thymian waschen, trocknen, Blättchen abzupfen und grob hacken. 2 Stücke Alufolie (30 x 30 cm) auf der Arbeitsfläche ausbreiten. Schalotten, Karotten, Kohlrabi, Kartoffeln und Thymian in einen Gefrierbeutel geben, mit Salz und Pfeffer würzen. Öl zugeben, gut mischen. Gemüse auf die Folien geben, je ½ Teelöffel Honig über das Gemüse träufeln.

4| Brühe über das Gemüse geben. Ecken der Folie darüber zusammendrücken und Kanten zusammenfalten. Päckchen auf einen Grillrost setzen.

5| Im heißen Ofen ca. 45–50 Minuten garen.

Tipps & Hinweise

Menschen mit erhöhten Blutfettwerten (Triglyzeriden) streichen bitte den Honig aus der Zutatenliste.

Rotkohl mit Cranberries

Braucht etwas mehr Zeit, ballaststoffreich

Zutaten für 2 Portionen

500 g Rotkohl
4 Schalotten
1 EL Rapsöl
8 Wacholderbeeren
Salz, Pfeffer
200 ml Johannisbeersaft
50 g Cranberries, getrocknet

Zubereitungszeit
10 Minuten
Garzeit
50 Minuten

Eine Portion enthält
228 Kilokalorien/952 Kilojoule
4 g Eiweiß
9 g Fett
30 g Kohlenhydrate
0 mg Cholesterin
12 g Ballaststoffe

Zubereitung

1| Rotkohl putzen, vierteln, Strunk entfernen und Krautkopf auf einem Gemüsehobel in feine Streifen hobeln. Schalotten schälen und fein würfeln. Öl in einem mittleren Topf erhitzen, Schalotten darin glasig dünsten, Rotkohl zugeben und ca. 5 Minuten unter ständigem Rühren andünsten.

2| Wacholderbeeren zugeben, mit Salz und Pfeffer würzen, Saft zugießen und aufkochen lassen. Bei niedriger Temperatur ca. 45 Minuten köcheln lassen.

3| Cranberries ca. 5 Minuten vor Ende der Garzeit zugeben und gegebenenfalls nochmals abschmecken.

Gratinierter Fenchel „Rhodos"

Gelingt leicht, ballaststoffreich

Zutaten für 2 Portionen

500 g Fenchel
Salz, Pfeffer
50 ml Geflügelfond
500 g reife Tomaten
1 kleine blaue Zwiebel
1 Knoblauchzehe
1 EL Rapsöl
2 EL entsteinte schwarze Oliven
2 Zweige Rosmarin
1 EL Paniermehl
2 EL Parmesan

Zubereitungszeit
25 Minuten
Garzeit
50 Minuten

Eine Portion enthält
271 Kilokalorien/1134 Kilojoule
11 g Eiweiß
15 g Fett
22 g Kohlenhydrate
4 mg Cholesterin
12 g Ballaststoffe

Zubereitung

1| Backofen auf 180 °C (Ober- und Unterhitze) vorheizen.
2| Fenchel waschen, abtrocknen, putzen, halbieren, den Strunk keilförmig herausschneiden.
3| Fenchelstücke in Salzwasser ca. 8 Minuten blanchieren, herausnehmen, abtropfen lassen und in eine feuerfeste Auflaufform legen. Mit Salz und Pfeffer kräftig würzen, Geflügelfond angießen und im heißen Ofen 20 Minuten garen.
4| Tomaten waschen, halbieren, Strunk entfernen und Tomatenhälften in grobe Stücke schneiden. Zwiebel und Knoblauchzehe schälen und fein würfeln.
5| Öl in einer beschichteten Pfanne erhitzen, Zwiebel- und Knoblauchwürfel darin glasig andünsten. Tomatenstücke und Oliven zugeben, mit Salz und Pfeffer würzen, Rosmarinzweig waschen und zur Sauce geben. Sauce aufkochen lassen und ca. 10 Minuten einkochen lassen.
6| Tomatensauce über den vorgegarten Fenchel gießen, mit Paniermehl und Parmesan bestreuen und 10 Minuten im heißen Ofen gratinieren.

Orientalisches Auberginengemüse

Braucht etwas mehr Zeit

Zutaten für 2 Portionen

½ kleine Zwiebel
1 Knoblauchzehe
1 kleines Stück Ingwer (ca. 20 g)
1 EL Kümmel
¼ TL Koriander
¼ TL Kardamon
¼ TL Kurkuma
¼ TL Cayennepfeffer
1 TL Rapsöl
1 Tomate
100 ml Wasser
1 TL brauner Zucker
1 Aubergine (ca. 240 g)
Salz, Pfeffer
1½ EL Rapsöl

Zubereitungszeit
20 Minuten
Kühlzeit
1 Stunde
Garzeit
10 Minuten

Eine Portion enthält
199 Kilokalorien/832 Kilojoule
3 g Eiweiß
16 g Fett
12 g Kohlenhydrate
0 mg Cholesterin
7 g Ballaststoffe

Zubereitung

1| Zwiebel, Knoblauchzehe und Ingwer schälen und fein würfeln. Öl in einem mittleren Topf erhitzen und die Zwiebel- und Knoblauchwürfel darin goldgelb anschwitzen. Ingwer und Gewürze zugeben und mit anbraten.

2| Tomate waschen, halbieren, Strunk entfernen und Tomatenhälften in Würfel schneiden. Tomatenwürfel, Wasser und Zucker zu den Zwiebelwürfeln in den Topf geben und aufkochen lassen. Masse zur Seite stellen.

3| Aubergine waschen, putzen und in ca. 1 cm dicke Scheiben schneiden. Scheiben salzen und ca. 10 Minuten stehen lassen. Öl in einer großen, beschichteten Pfanne erhitzen und mit einem Küchenkrepp abgetupfte Auberginenscheiben darin von beiden Seiten goldbraun anbraten. Auberginen auf einem Küchenkrepp abtropfen lassen.

4| Tomatenmasse noch mal aufkochen lassen und die Auberginenscheiben unterrühren, kurz mitköcheln lassen.

Beilagen zu Hauptgerichten

Kartoffeln Toskana

Gelingt leicht

Zutaten für 2 Portionen

1 Knoblauchzehe
½ Bund Basilikum
2 EL Rapsöl
5 eigroße Kartoffeln
Salz
1 EL getrocknete Tomaten
1 EL entsteinte schwarze Oliven
Salz, Pfeffer
1 EL Pinien- oder Sonnenblumenkerne

Zubereitungszeit
25 Minuten
Garzeit
25 Minuten

Eine Portion enthält
333 Kilokalorien/1391 Kilojoule
7 g Eiweiß
22 g Fett
26 g Kohlenhydrate
0 mg Cholesterin
5 g Ballaststoffe

Zubereitung

1| Knoblauchzehe schälen und fein hacken. Basilikumblätter von den Stielen zupfen, trocknen und in feine Streifen schneiden. 2 Teelöffel Olivenöl, Knoblauch und Basilikum in einen Mörser geben und zu einem Pesto verrühren.

2| Kartoffeln waschen und in etwas Salzwasser ca. 20 Minuten garen. Abgießen, kurz ausdampfen lassen und schälen. Tomaten und Oliven in kleine Würfel schneiden. Kartoffeln mit einer Gabel zerdrücken, restliches Olivenöl, Tomaten und Oliven zugeben und mit Salz und Pfeffer abschmecken.

3| Kerne in einer beschichteten Pfanne ohne Fettzugabe anrösten.

4| Kartoffeln mit Pesto grob vermengen und mit angerösteten Kernen bestreut servieren.

Kürbis-Kartoffel-Stampf

Preiswert

Zutaten für 2 Portionen

500 g Hokkaidokürbis
2 eigroße Kartoffeln
  (ca. 160 g)
50 ml heiße Milch, 1,5 % Fett
1 TL Diätmargarine
Salz, Pfeffer, Muskat

Zubereitungszeit
15 Minuten
Garzeit
20 Minuten

Eine Portion enthält
152 Kilokalorien/635 Kilojoule
4 g Eiweiß
3 g Fett
24 g Kohlenhydrate
131 mg Cholesterin
2 g Omega-3-Fettsäuren
7 g Ballaststoffe

Zubereitung

1| Kürbis und Kartoffeln waschen, Kürbis in grobe Würfel schneiden. Kartoffeln schälen und ebenfalls grob würfeln. Etwas Salzwasser erhitzen und Gemüsewürfel darin ca. 20 Minuten weich kochen, ggf. noch Wasser nachgießen.

2| Abgegossene Kürbis- und Kartoffelwürfel mit einem Kartoffelstampfer zerdrücken. Heiße Milch, Margarine und Gewürze zugeben und kräftig abschmecken.

Schwarzwurzelpüree

Ballaststoffreich

Zutaten für 2 Portionen

500 g Schwarzwurzeln
100 ml Gemüsebrühe
2 EL Zitronensaft
1 TL Diätmargarine
4 EL Milch, 1,5 % Fett
Salz, Muskatnuss

Zubereitungszeit
20 Minuten
Garzeit
20 Minuten

Eine Portion enthält
84 Kilokalorien/353 Kilojoule
5 g Eiweiß
4 g Fett
12 g Kohlenhydrate
2 mg Cholesterin
10 g Ballaststoffe

Zubereitung

1| Schwarzwurzeln unter fließendem kaltem Wasser abbürsten und mit einem Sparschäler schälen. Schwarzwurzeln nach dem Schälen nochmals waschen und anschließend in Stücke schneiden.
2| Gemüsebrühe mit Zitronensaft erhitzen, Schwarzwurzeln hineingeben und bei mittlerer Hitze ca. 20 Minuten garen.
3| Schwarzwurzeln mit Brühe im Mixer oder mit einem Pürierstab pürieren. Diätmargarine und Milch zugeben und mit Salz, Pfeffer und Muskatnuss kräftig abschmecken.

Tipps & Hinweise

Beim Schälen der Schwarzwurzeln tritt weißer Milchsaft aus, der die Hände braun verfärbt. Tragen Sie deshalb beim Schälen Gummihandschuhe. Die Flecken lassen sich auch mit einem Bimsstein entfernen.
Sehr lecker schmeckt das Gericht auch, wenn Sie die Hälfte der Schwarzwurzeln durch Kartoffeln ersetzen.

Apfel-Zwiebel-Rösti

Raffiniert

Zutaten für 2 Portionen

2 Zwiebeln (ca. 130 g)
450 g fest kochende Kartoffeln
1 Apfel (ca. 150 g)
1 EL Majoran
Muskatnuss, Pfeffer, Salz
1 EL Sojaöl

Zubereitungszeit
20 Minuten
Garzeit
12–15 Minuten

Eine Portion enthält
258 Kilokalorien/1079 Kilojoule
5 g Eiweiß
9 g Fett
39 g Kohlenhydrate
0 mg Cholesterin
7 g Ballaststoffe

Zubereitung

1| Zwiebeln schälen, halbieren und in feine Würfel schneiden. Kartoffeln schälen, waschen, trocken tupfen. Apfel waschen, halbieren und entkernen.
2| Kartoffeln und Apfel mit einer Küchenreibe grob raffeln. Zwiebelwürfel untermischen und mit Majoran, Muskatnuss, Pfeffer und wenig Salz würzen.
3| In einer beschichteten Pfanne das Öl erhitzen. Die Masse von beiden Seiten ca. 12–15 Minuten goldgelb anbraten.

Gnocchi à la Mama

Gut vorzubereiten

Zutaten für 2 Portionen

250 g mehlig kochende Kartoffeln
40 g Weizengrieß
20 g Stärke
1 Eigelb
Salz, Pfeffer, Muskatnuss

Zubereitungszeit
30 Minuten
Garzeit
25 Minuten

Eine Portion enthält
223 Kilokalorien/932 Kilojoule
6 g Eiweiß
4 g Fett
41 g Kohlenhydrate
126 mg Cholesterin
4 g Ballaststoffe

Zubereitung

1| Kartoffeln waschen, in kochendem Salzwasser als Pellkartoffeln ca. 20 Minuten garen, abgießen, etwas abkühlen lassen, pellen und durch eine Kartoffelpresse drücken.

2| Grieß, Stärke, Eigelb dazugeben, Masse mit Salz, Pfeffer und Muskatnuss abschmecken und auf einer bemehlten Arbeitsfläche schnell zu einem gleichmäßigen Teig verarbeiten. Den Teig zu länglichen Würstchen von 1 cm Durchmesser formen. Stücke von ca. 2 cm Länge abschneiden und mit einer Gabel Rillen eindrücken.

3| Reichlich Salzwasser zum Kochen bringen, Gnocchi nach und nach zugeben, kurz aufkochen lassen und ca. 4–5 Minuten bei niedrigster Hitze ziehen lassen.

Bulgur-Risotto

Gelingt leicht

Zutaten für 2 Portionen

1 Zwiebel
1 Knoblauchzehe
1 rote Paprikaschote
1 EL Sojaöl
100 g Bulgur
100 ml Gemüsebrühe
2 EL Erbsen (TK)
2 EL Mais (Dose)
Muskatnuss, Curry, Pfeffer, Salz

Zubereitungszeit
10 Minuten
Garzeit
25 Minuten

Eine Portion enthält
292 Kilokalorien/1221 Kilojoule
9 g Eiweiß
10 g Fett
41 g Kohlenhydrate
0 mg Cholesterin
9 g Ballaststoffe

Zubereitung

1| Zwiebel und Knoblauch schälen und fein hacken. Paprikaschote waschen, halbieren, entkernen und in ca. 1 cm große Würfelchen schneiden.

2| Öl erhitzen und Zwiebel- und Knoblauchwürfel darin glasig andünsten. Bulgur hinzufügen und kurz anrösten, mit Gemüsebrühe ablöschen und aufkochen lassen.

3| Risotto mit Muskatnuss, Curry, Pfeffer und Salz abschmecken und ca. 20 Minuten köcheln lassen.

4| Zehn Minuten vor Ende der Garzeit Erbsen zugeben, fünf Minuten vor Ende der Garzeit Mais und Paprikawürfel untermengen, evtl. nochmals abschmecken.

Tipps & Hinweise
Bulgur ist ein gut vorgekochtes, körniges Weizenkorn. Sie erhalten ihn in Kaufhäusern und in türkischen oder griechischen Geschäften.

Bulgur „Athen"

Gelingt leicht

Zutaten für 2 Portionen

250 g Cocktailtomaten
1 EL Rapsöl
1 EL Tomatenmark
1 Knoblauchzehe
1 kleine Zwiebel
200 g Bulgur
450 ml Gemüsebrühe
Pfeffer
100 g Schafskäse, fettreduziert
4 Basilikumblättchen

Zubereitungszeit
10 Minuten
Garzeit
20–25 Minuten

Eine Portion enthält
531 Kilokalorien/2218 Kilojoule
19 g Eiweiß
11 g Fett
79 g Kohlenhydrate
11 mg Cholesterin
13 g Ballaststoffe

Zubereitung

1| Tomaten waschen, halbieren und im heißen Öl andünsten. Knoblauch und Zwiebel schälen und fein hacken. Mit dem Tomatenmark zu den Tomaten geben und kurz mitdünsten.
2| Bulgur unterrühren, mit Gemüsebrühe aufgießen, mit Pfeffer würzen und 15–20 Minuten offen garen.
3| Käse in Stückchen schneiden, Basilikumblätter waschen, trocknen und in schmale Streifen schneiden und über den gegarten Bulgur verteilen.

Frühlingsnudeln

Mit Bärlauch

Zutaten für 2 Portionen

120 g Vollkornnudeln, z. B. Spirelli oder Linguine
Salz
2 Frühlingszwiebeln
4 junge, kleine Karotten
6 Cocktailtomaten
1 Handvoll Bärlauch
Pfeffer
1 EL Rapsöl
etwas frisch geriebener Parmesan (ca. 20 g)

Zubereitungszeit
20 Minuten
Garzeit
20 Minuten

Eine Portion enthält
329 Kilokalorien/1375 Kilojoule
12 g Eiweiß
13 g Fett
40 g Kohlenhydrate
8 mg Cholesterin
9 g Ballaststoffe

Zubereitung

1| Reichlich Salzwasser zum Kochen bringen und Nudeln nach Packungsanweisung al dente kochen.
2| Frühlingszwiebeln, Karotten und Tomaten waschen und trocknen. Frühlingszwiebeln und Karotten putzen, Karotten schälen. Frühlingszwiebeln schräg in 2 cm lange Stücke schneiden. Karotten der Länge nach halbieren, nochmal halbieren und in 2 cm lange Stifte schneiden. Tomaten halbieren und vierteln. Bärlauch waschen, evtl. verlesen und in schmale Streifen schneiden.
3| Öl in einer beschichteten Pfanne erhitzen, Karottenstifte darin andünsten und ca. 5 Minuten unter Rühren anbraten. Frühlingszwiebeln und Tomaten zugeben und 2 Minuten mitgaren. Etwas Nudelwasser zugießen und ca. 3 Minuten köcheln lassen. Gemüse mit Salz, Pfeffer und Bärlauch abschmecken.
4| Nudeln abgießen und gut abtropfen lassen. Gemüse unter die Nudeln mengen und mit Parmesan bestreut servieren.

Orientalischer Reis

Exotisch

Zutaten für 2 Portionen

1 Zwiebel
1 Stück Sellerieknolle
1 TL Sojaöl
100 g Vollkornreis
50 ml Orangensaft, frisch gepresst
150 ml Gemüsebrühe
1 gehäufter EL Rosinen
1 Lorbeerblatt
Pfeffer, Zimt, Kurkuma, Curry, Salz

Zubereitungszeit
10 Minuten
Garzeit
1 Stunde

Eine Portion enthält
320 Kilokalorien/1338 Kilojoule
7 g Eiweiß
10 g Fett
50 g Kohlenhydrate
0 mg Cholesterin
6 g Ballaststoffe

Zubereitung

1| Zwiebel schälen, halbieren und in feine Würfel schneiden. Sellerie putzen, schälen, waschen und in kleine Würfel schneiden.

2| Das Öl in einem kleinen Topf erhitzen und die Zwiebelwürfel glasig andünsten. Sellerie und Reis zugeben und mit kurz mitdünsten. Orangensaft, Gemüsebrühe, Rosinen und Lorbeerblatt hinzufügen und mit den Gewürzen abschmecken. Aufkochen lassen und bei schwacher Hitze ca. 45–55 Minuten ausquellen lassen. Ggf. noch Wasser hinzufügen.

3| Am Ende der Garzeit das Lorbeerblatt entfernen und den Gewürzreis nochmals kräftig abschmecken.

Schnittlauch-Plinsen

Dünner Eierkuchen aus Ostmitteldeutschland

Zutaten für 2 Portionen

1 EL Diätmargarine (ca. 15 g)
1 Ei
125 g Quark, Magerstufe
1 gut gehäufter EL Mehl, Typ 550 (ca. 35 g)
Salz, Pfeffer
2 EL Schnittlauchröllchen
1 EL Rapsöl

Zubereitungszeit
10 Minuten
Quellzeit
10 Minuten
Garzeit
10 Minuten

Eine Portion enthält
280 Kilokalorien/1170 Kilojoule
14 g Eiweiß
18 g Fett
15 g Kohlenhydrate
120 mg Cholesterin
1 g Ballaststoffe

Zubereitung

1| Margarine mit den Schneebesen des Handrührgerätes cremig rühren, Ei unterrühren, Quark und Mehl gut unterrühren.
2| Masse mit Salz, Pfeffer und Schnittlauch abschmecken und ca. 10 Minuten stehen lassen.
3| Öl in einer beschichteten, großen Pfanne erhitzen und aus dem Teig 6–8 Plinsen backen.

Desserts und Gebäck

Limetten-Quark-Creme

Gut vorzubereiten

Zutaten für 2 Portionen

2 Blatt Gelatine
150 g Naturjoghurt, 1,5 % Fett
½ TL flüssiger Süßstoff
2 EL Limetten- oder Zitronensaft
100 g Magerquark
2,5 EL Milch, 1,5 % Fett

Zubereitungszeit
20 Minuten
Quellzeit
10 Minuten
Kühlzeit
3 Stunden

Eine Portion enthält
102 Kilokalorien/428 Kilojoule
12 g Eiweiß
2 g Fett
8 g Kohlenhydrate
7 mg Cholesterin
0 g Ballaststoffe

Zubereitung

1| Gelatine in kaltem Wasser einweichen und ca. 10 Minuten quellen lassen.

2| Joghurt, Süßstoff und Limettensaft in einer Schüssel verrühren. Gelatine gut ausdrücken und über einem heißen Wasserbad schmelzen lassen (Gelatine muss komplett flüssig sein). Ein bis zwei Esslöffel der Joghurtmasse zu der flüssigen Gelatine geben und gut verrühren. Angerührte Gelatinemasse zu der Joghurtmasse geben und gut verrühren.

3| Quark und Milch mit einem Schneebesen glatt rühren, ca. zwei Drittel unter die Joghurtmasse heben. Creme in zwei hohe Dessertgläser füllen und mit der restlichen Quarkmasse verzieren.

4| Creme mindesten 3 Stunden im Kühlschrank fest werden lassen.

Tipps & Hinweise
Sehr lecker zu der säuerlichen Creme schmecken unsere marinierten Vanillebeeren, Rezept siehe Seite 181.

Apfelmus mit Pfiff

Mit Ingwer und Maracujasaft

Zutaten für 2 Portionen

3 mittelgroße Äpfel
1 EL Zitronensaft
1 kleines Stück Ingwer (ca. 20 g)
100 ml Apfelsaft
100 ml Maracujasaft
etwas flüssiger Süßstoff

Zubereitungszeit
15 Minuten
Garzeit
10 Minuten

Eine Portion enthält
164 Kilokalorien/687 Kilojoule
2 g Eiweiß
1 g Fett
34 g Kohlenhydrate
0 mg Cholesterin
4 g Ballaststoffe

Zubereitung

1| Äpfel waschen, halbieren, entkernen und die Apfelhälften grob zerkleinern. Sofort mit dem Zitronensaft beträufeln. Ingwer schälen und in feine Würfel schneiden.

2| Äpfel und Ingwer in einen kleinen Topf geben, Säfte dazugießen und aufkochen lassen. Bei mittlerer Hitze 10 Minuten köcheln lassen. Am Ende der Garzeit mit einem Mixstab fein pürieren. Apfelmus mit flüssigem Süßstoff süßen.

Desserts und Gebäck

Rhabarber-Erdbeer-Dessert

Leckeres Schicht-Dessert

Zutaten für 2 Portionen

- 450 g Rhabarber
- 130 g Erdbeeren
- ½ EL Stärke
- 100 ml roter Traubensaft
- 2 EL Zucker
- 150 g Naturjoghurt, 1,5 % Fett
- 4 EL Quark, Magerstufe
- ½ Vanilleschote
- 1 EL Honig

Zubereitungszeit
25 Minuten
Garzeit
4 Minuten
Kühlzeit
1 Stunde

Eine Portion enthält
252 Kilokalorien/1053 Kilojoule
10 g Eiweiß
2 g Fett
45 g Kohlenhydrate
4 mg Cholesterin
6 g Ballaststoffe

Zubereitung

1| Rhabarber waschen, putzen, Schale abziehen und Rhabarber in ca. 2 cm dicke Stücke schneiden. Erdbeeren waschen, putzen, halbieren und vierteln. Erdbeeren in ein Mixglas geben und pürieren.

2| Stärke mit etwas Traubensaft glatt rühren, restlichen Saft in einen Topf geben, Rhabarber und Zucker zugeben, aufkochen und ca. 2 Minuten köcheln lassen. Angerührte Stärke zugeben und nochmal 1 Minute sprudelnd kochen lassen. Topf vom Herd nehmen und Rhabarberkompott in eine Schüssel umfüllen und abkühlen lassen.

3| Joghurt und Quark mit einem Schneebesen glatt rühren. Vanilleschote der Länge nach aufschneiden, das Mark herauskratzen und zusammen mit dem Honig unter den Quark rühren.

4| Erdbeermus unter das abgekühlte Rhabarberkompott rühren und schichtweise mit dem Vanillejoghurt in hohe Gläser füllen.

Tipps & Hinweise

Patienten mit erhöhten Blutfettwerten (Triglyzeriden) streichen den Honig und den Zucker aus der Zutatenliste und verwenden stattdessen flüssigen Süßstoff. Die Menge richtet sich nach den persönlichen Vorlieben.

Marinierte Vanille-Beeren

Gelingt leicht

Zutaten für 2 Portionen

200 g frische, reife Brombeeren
200 g frische, reife Heidelbeeren
1 Vanilleschote
5 EL Johannisbeersaft

Zubereitungszeit
10 Minuten
Garzeit
5–10 Minuten
Marinierzeit
30 Minuten

Eine Portion enthält
112 Kilokalorien/469 Kilojoule
2 g Eiweiß
2 g Fett
20 g Kohlenhydrate
0 mg Cholesterin
12 g Ballaststoffe

Zubereitung

1| Beeren von evtl. Stielen befreien, vorsichtig waschen und gut abtropfen lassen.
2| Vanilleschote der Länge nach halbieren, das Mark herauskratzen. Johannisbeersaft in einen kleinen Topf geben, Vanilleschote und Mark zugeben und zum Kochen bringen, sirupartig einkochen lassen.
3| Vanilleschote entfernen, Johannisbeersirup über die vorbereiteten Beerenfrüchte gießen und ca. 30 Minuten marinieren.

Desserts und Gebäck

Schwarzwälderkirsch-Becher

Gelingt leicht, sieht schön aus

Zutaten für 2 Portionen

120 g Sauerkirschen, Glas
125 g Quark, Magerstufe
1 Schuss kohlensäurehaltiges Mineralwasser
2 TL Vanillezucker
2 Stücke Zartbitterschokolade (10 g)

Zubereitungszeit
10 Minuten

Eine Portion enthält
142 Kilokalorien/592 Kilojoule
9 g Eiweiß
2 g Fett
20 g Kohlenhydrate
1 mg Cholesterin
1 g Ballaststoffe

Zubereitung

1| Sauerkirschen gut abtropfen lassen.
2| Quark, Mineralwasser und Vanillezucker mit einem Schneebesen cremig rühren.
3| Zartbitterschokolade mit einem Messerchen zu feinen Röllchen schneiden.
4| Kirschen und Quark abwechselnd in zwei hohe Dessertgläser schichten. Mit Quarkmasse abschließen und Dessert mit Schokoladenröllchen garniert servieren.

Apfelkuchen

Braucht etwas mehr Zeit, fettarm

Zutaten für 1 Blech (ca. 20 Stücke)

Hefeteig
500 g Weizenmehl, Typ 550
1 Würfel Hefe
90 g Zucker
180–200 ml lauwarme Milch, 1,5 % Fett
1 Eiweiß
1 Prise Salz
1 Prise Zimt
2 EL Magerquark

Belag
1 kg reife Äpfel
3 EL Zitronensaft

Streusel
100 g Diätmargarine
75 g Zucker
100 g Mehl, Typ 550
½ TL Zimt
4 EL Rosinen

Zubereitungszeit
45 Minuten
Gehzeit
100 Minuten
Backzeit
40–45 Minuten

Ein Stück enthält
215 Kilokalorien/899 Kilojoule
5 g Eiweiß
5 g Fett
37 g Kohlenhydrate
1 mg Cholesterin
2 g Ballaststoffe

Zubereitung

1| Mehl in eine große Schüssel geben und in der Mitte eine Mulde formen. Hefe hineinbröckeln und 1 Esslöffel Zucker darüberstreuen. Lauwarme Milch dazugeben und mit einer Gabel verrühren, bis die Hefe sich aufgelöst hat. Den Vorteig an einem warmen Ort ca. 20 Minuten gehen lassen.

2| Restlichen Zucker, Eiweiß, Salz, Zimt und Quark zugeben und mit den Knethaken des Handrührgerätes zu einem homogenen Teig verarbeiten. Den Teig an einem warmen Ort 1 Stunde gehen lassen, bis er sein Volumen verdoppelt hat.

3| Ein Backblech dünn fetten und bemehlen, den Teig daraufgeben und weitere 20 Minuten gehen lassen.

4| Backofen auf 160 °C (Ober- und Unterhitze) vorheizen.

5| Äpfel waschen, trocknen, schälen, halbieren, Kerngehäuse entfernen und Äpfel in schmale Scheiben schneiden, sofort mit dem Zitronensaft beträufeln.

6| Aus Margarine, Zucker, Mehl und Zimt Streusel herstellen. Apfelscheiben dachziegelartig auf den Hefeteig legen, Rosinen und Streusel darübergeben und im heißen Ofen ca. 40–45 Minuten backen.

Tipps & Hinweise

Ist der Teig zu fest, noch etwas Milch zugeben. Ist er zu weich, noch etwa Mehl zugeben. Wenn der Teig sich beim Kneten vom Schüsselrand löst oder blasig wirkt, ist er genau richtig. Den Teig lieber etwas länger rühren als zu kurz.

Haferflockencookies

Geht schnell, für den kleinen Hunger auf Süßes

Zutaten für ca. 35 Stück

60 g Diätmargarine
100 g brauner Zucker
1 Ei
35 g Mehl
½ TL Backpulver
150 g Haferflocken
½ TL Zimt
1 Prise Salz

Zubereitungszeit
15 Minuten
Backzeit
7–8 Minuten

Ein Stück enthält
45 Kilokalorien/190 Kilojoule
1 g Eiweiß
2 g Fett
6 g Kohlenhydrate
7 mg Cholesterin
0 g Ballaststoffe

Zubereitung

1| Den Backofen auf 175 °C (Ober- und Unterhitze) vorheizen.
2| Margarine in einem Topf schmelzen lassen, Zucker zugeben und solange rühren, bis sich der Zucker aufgelöst hat. Vom Herd nehmen, etwas abkühlen lassen und dann das Ei einrühren.
3| In einer Schüssel Mehl, Backpulver, Haferflocken, Zimt und Salz mischen. Die Mehlmischung in die Fett-Zucker-Masse rühren.
4| Ein Backblech mit Backpapier belegen und aus der Masse mit zwei Teelöffeln kleine Häufchen auf das Blech setzen. Lassen Sie etwas Abstand zwischen den einzelnen Häufchen, da diese beim Backen noch etwas auseinanderlaufen.
5| Cookies im heißen Ofen ca. 7–8 Minuten backen.

Sommertarte

Braucht etwas mehr Zeit

Zutaten für 1 Springform
Ø 28 cm (ca. 16 Stücke)

Mürbteig
200 g Mehl, Typ 550
3 EL gemahlene Mandeln
1 Ei
20 g Diätmargarine
80 g kalter Quark, Magerstufe
70 g Puderzucker
1 Prise Salz

Füllung
500 g frische Johannisbeeren
140 g gemahlene Mandeln
100 g Diätmargarine
100 g Zucker
30 g Stärke

Baiser
1 Prise Salz
3 Eiweiß
100 g Zucker
8 Tropfen Bittermandelöl
150 g gemahlene Mandeln
1 EL Stärke

Zubereitungszeit: 1 Stunde
Kühlzeit: 1 Stunde
Backzeit: 55 Minuten

Ein Stück enthält
313 Kilokalorien/1309 Kilojoule
7 g Eiweiß
17 g Fett
32 g Kohlenhydrate
15 mg Cholesterin
6 g Ballaststoffe

Zubereitung

1| Mehl und Mandeln auf eine Arbeitsfläche geben und in die Mitte eine Mulde drücken. Das Ei in die Mulde geben. Margarine, Quark, Zucker und Salz im äußeren Bereich rundherum verteilen. Den Teig nun rasch zusammenkneten und zu einer Kugel formen. In Frischhaltefolie packen und 1 Stunde in den Kühlschrank legen.

2| Eine Springform leicht fetten. Teig zwischen zwei Frischhaltefolien mit einem Nudelholz ausrollen, der Teig sollte etwas größer als der Boden der Form sein. Den Boden der Form auf die Teigplatte legen und rundherum schneiden. Den Boden mit dem Teig umdrehen und die Frischhaltefolie abziehen. Den Springformrand nun am Bodenteil befestigen. Für den Rand aus dem übrigen Teig eine lange Rolle formen und ringsherum hineinlegen, nun lässt sich der Rand leicht festdrücken. Um ein Absacken des Teigrandes zu verhindern, die Form nun für 30 Minuten in die Tiefkühltruhe stellen.

3| Backofen auf 175 °C (Ober- und Unterhitze) vorheizen. Ein Backpapier zu einem großen Kreis ausschneiden und rundherum ca. sechsmal 4–5 cm zur Mitte hin einschneiden, so lässt es sich besser in die Form legen.

4| Nach der Kühlzeit ein nach der Größe der Kuchenform zurechtgeschnittenes Backpapier auf den Teig drücken und getrocknete Erbsen einfüllen. Den Boden im heißen Ofen 15 Minuten blind backen.

5| In der Zwischenzeit für die Füllung die Johannisbeeren waschen und abzupfen. Margarine und Zucker in einer beschichteten

Pfanne bei mittlerer Hitze schmelzen. Gemahlene Mandeln einrühren und unter Rühren so lange rösten, bis die Mandeln die Flüssigkeit aufgesogen haben und etwas Farbe bekommen haben (ca. 5–10 Minuten).

6| Nach der Backzeit die Kuchenform aus dem Ofen nehmen, die Hülsenfrüchte aus der Form nehmen und das Papier entfernen.

7| Mandeln noch warm mit den Johannisbeeren und der Stärke vermischen und auf dem vorgebackenen Tarteboden verteilen.

8| Eiweiße mit dem Salz steif schlagen und den Zucker einrieseln lassen, weiterschlagen, bis ein schnittfester Eischnee entstanden ist. Bittermandelöl über den Eischnee träufeln. Mandeln und Stärke mischen, über den Eischnee geben und vorsichtig mit einem Schneebesen unterziehen.

9| Mandelbaiser auf den Johannisbeeren verteilen und im heißen Ofen bei 150 °C (Ober- und Unterhitze) ca. 40 Minuten backen.

Tipps & Hinweise

Das Zusammenkneten des Teiges kann am Anfang gut mit einer Teigkarte erfolgen, später sollten Sie die Hände zum Zusammenkneten nehmen. Achten Sie jedoch darauf, den Teig nur kurz zu kneten, bei zu langem Kneten wird er schnell zu warm und zäh. Ist der Teig zu brüchig, können Sie einen Esslöffel Milch oder Wasser zugeben.

Apfel-Zimt-Schnecken

Braucht etwas mehr Zeit

Zutaten für 12 Stück

Hefeteig
500 g Weizenmehl, Typ 550
1 Würfel Hefe
100 g Zucker
180–200 ml lauwarme Milch, 1,5 % Fett
1 Eiweiß
1 Prise Salz
1 Prise Zimt
2 EL Magerquark

Füllung
50 g flüssige Margarine
50 g Zucker
1 EL Zimt
1 großer Apfel (ca. 200 g)
2 TL Zitronensaft

Zum Bepinseln
etwas Milch, 1,5 % Fett

Zubereitungszeit
45 Minuten
Gehzeit
80 Minuten
Backzeit
20 Minuten

Eine Schnecke enthält
255 Kilokalorien/1064 Kilojoule
7 g Eiweiß
4 g Fett
46 g Kohlenhydrate
1 mg Cholesterin
2 g Ballaststoffe

Zubereitung

1| Mehl in eine große Schüssel geben und in der Mitte eine Mulde formen. Hefe hineinbröckeln und 1 Esslöffel Zucker darüberstreuen. Lauwarme Milch dazugeben und mit einer Gabel verrühren, bis die Hefe sich aufgelöst hat. Den Vorteig an einem warmen Ort ca. 20 Minuten gehen lassen.

2| Restlichen Zucker, Eiweiß, Salz, Zimt und Quark zugeben und mit den Knethacken des Handrührgerätes zu einem homogenen Teig verarbeiten. Den Teig an einem warmen Ort 1 Stunde gehen lassen, bis er sein Volumen verdoppelt hat.

3| Teig auf einer bemehlten Arbeitsfläche zu einem Rechteck von ca. 30 x 40 cm mit einem Nudelholz ausrollen. Backofen auf 160 °C (Ober- und Unterhitze) vorheizen.

4| Für die Füllung Margarine, Zucker und Zimt in einer Schüssel verrühren. Die Fülle auf dem Teig verteilen. Apfel waschen, schälen und mit einem Sparschäler dünne Streifen abschälen und mit Zitronensaft beträufeln. Apfelstreifen auf dem Teig verteilen und von der breiten Seite her aufrollen. Zum Verschließen der Rolle die Ränder mit etwas Wasser bepinseln, so bleibt die Rolle gut verschlossen und lässt sich besser schneiden.

5| Mit einem geriffeltem Messer 3 cm breite Scheiben abschneiden und auf ein mit Backpapier ausgelegtes Blech setzen. Etwas Abstand lassen zwischen den Schnecken, da diese beim Backen noch etwas aufgehen. Schnecken mit Milch bepinseln und im heißen Ofen ca. 20 Minuten backen.

Kirschenmichel

Süßes Hauptgericht, fruchtig und einfach

Zutaten für 4 Portionen

Hefeteig
8 altbackene Brötchen (je zur Hälfte aus Weiß- und Vollkornmehl)
2 EL kernige Haferflocken
700 ml fettarme Milch
2 Eier
1 Prise Salz
abgeriebene Zitronenschale
50 g Zucker
Zimt
750 g Süßkirschen
Öl für die Form
1 EL Diätmargarine

Zubereitungszeit
ca. 30 Minuten
Backzeit
ca. 35 Minuten

Eine Portion enthält
560 Kilokalorien/2343 Kilojoule
18 g Eiweiß
10 g Fett
96 g Kohlenhydrate
168 mg Cholesterin
8 g Ballaststoffe

Zubereitung

1| Die Brötchen in sehr dünne Scheiben schneiden, zusammen mit den Haferflocken in eine Schüssel geben. Die Hälfte der Milch erhitzen und darübergeben. Alles kurz durchziehen lassen.

2| Die restliche Milch mit Eiern, Salz, Zitronenschale, Zucker und Zimt oder Ingwerpulver verquirlen und zur Brötchenmasse geben. Alles gut miteinander vermengen. Eine hitzefeste Form mit Öl ausstreichen und den Backofen auf 200 °C vorheizen.

3| Die Kirschen waschen, entstielen und entsteinen.

4| Die Brötchenmasse mit einer Schaumkelle aus der Eiermilch heben, etwas abtropfen lassen, dann abwechselnd mit den Kirschen in die Form schichten. Auf die letzte Brötchenschicht die restlichen Kirschen verteilen und die restliche Eiermilch darübergeben. Die Margarine in Flöckchen darauf verteilen und das Ganze auf der zweituntersten Einschubleiste etwa 35 Minuten backen.

Tipp
Statt Kirschen eignen sich auch Äpfel, Birnen, Zwetschgen oder Mirabellen. Der Kirschenmichel schmeckt auch kalt als Kuchen zum Kaffee oder Tee.

Weihnachtliche Scones

Gut vorzubereiten

Zutaten für ca. 10 Stück

250 g Weizenmehl, Typ 550
50 g Zucker
¼ TL Salz
2 TL Zimt
¼ TL Lebkuchengewürz
3 gestrichene TL Backpulver
75 g Diätmargarine
140 ml + 1 EL Milch, 1,5 % Fett

Zubereitungszeit
20 Minuten
Kühlzeit
30 Minuten
Backzeit
15 Minuten

Ein Scone enthält
167 Kilokalorien/697 Kilojoule
3 g Eiweiß
7 g Fett
24 g Kohlenhydrate
1 mg Cholesterin
1 g Ballaststoffe

Zubereitung

1| Mehl, Zucker, Salz, Zimt, Lebkuchengewürz und Backpulver vermischen. Margarine zugeben und mit den Händen zu Streuseln verkneten. Milch zugeben und unterkneten. Nicht zu lange kneten, da der Teig sonst zu zäh wird.
2| Teig auf einer bemehlten Arbeitsfläche 2,5 cm dick ausrollen. Mit einem in Mehl getauchten Glas (Ø 5 cm) Kreise ausstechen. Teigreste nochmals ausrollen und ausstechen.
3| Backofen auf 200 °C (Ober- und Unterhitze) vorheizen.
4| Kreise mit der restlichen Milch bestreichen und 30 Minuten kalt stellen.
5| Auf ein mit Backpapier ausgelegtes Backblech legen und im heißen Ofen ca. 13–15 Minuten backen.

Tipp
Servieren Sie die Scones mit einem Klecks saurer Sahne oder fettreduziertem Frischkäse und etwas Marmelade.

Rezeptregister

Süßes Frühstück
Bircher Müsli mit Cranberries und Birne 20
Mandel-Nuss-Müsli mit Zitrusfrüchten 21
Fitness-Frühstück 22
Knuspermüsli mit Cranberries 24
Porridge mit Himbeeren 26
Smoothie süßsauer 28
Sommer-Ingwer-Lassi 30

Herzhafte Brotmahlzeit
Küstenfrühstück 32
Apfel-Quark-Brot mit Pfiff 33
Avocado-Apfel-Brot 34
Quarkbrot mit Karotten-Apfel-Salat 36
Toast à la Kreta 37
Bärlauch-Frischkäse-Brötchen 38
Ziegenkäse-Crostini 40
Puten-Gurken-Wrap 42
Forellenbrot mit Radieschen 43
Heringsbrötchen mit Gurken-Apfel-Würfeln 44
Frankfurter Kräuterquarkbrot 45
Wraps „California" 46
Tomaten-Roastbeef-Brot 48
Handkäs mit „Apfelmusik" 49
Lachsburger selbstgemacht 50

Snacks und Vorspeisen
Gratinierte blaue Zwiebeln 52
Lachsröllchen 53
Gebratene Zucchinischeiben 54
Ampel-Sticks 55
Gratinierter Spargel mit Mozzarella 56
Paprika-Mozzarellakugeln 57
Gefüllte Ricottatomaten 58
Küstenkanapees 60
Lachs-Mais-„Tartar" auf Apfelscheiben 61
Gurken-Schafskäse-Spieße 62
Chicorée mit Ziegenkäse-Dip 64
Wassermelone mit Ziegenkäse und Walnüssen 66

Salate
Bunter Grünkernsalat 68
Tomaten-Spinat-Salat „Santorini" 69
Feldsalat mit karamellisierten Zwiebeln 70
Gurkensalat „Asia" 72
Fruchtiger Rosenkohlsalat 74
Karotten-Avocado-Rohkost 76
Tomaten-Rucola-Salat 78
Zuckerhut-Orangen-Salat 80
Käsesalat „Frau Antje" 81
Rote-Bete-Rohkost mit Walnüssen 82

Suppen und Eintöpfe
Klare Fischsuppe 84
Blumenkohlcremesuppe mit Lachseinlage 85
Kartoffelsuppe mit Mandeln 86
Süßkartoffelsuppe 88
Klare Pilzbrühe 89
Karotten-Mango-Suppe 90
Kichererbsen-Tomaten-Eintopf 92
Gemüsesuppe mit glasierten Maronen 94
Scharfe Maiscremesuppe 96
Bärlauchsuppe 97
Linseneintopf „griechische Art" 98

Saucen, Dips und Dressings
Champignonsauce 100
Zigeunersauce 102
Curry-Sauce 103
Rucola-Frischkäse-Dip 104
Lauch-Dip mit Apfel 106
Meerrettich-Dip 107
Zaziki 108
Frühlingsdressing 110
Apfel-Ingwer-Dressing 111
Senfdressing mit Walnüssen 112

Hauptgerichte
Indisches Curry 114
Blumenkohlauflauf mit Hackbällchen 115
Hackfleischgratin mit Auberginen und Zucchini 116
Fleischküchle mediterran 117
Chicorée-Schinken-Gratin 118
Rindfleisch mit Ananas und Gemüsestreifen 120
Hirschsugo mit Waldpilzen 121
Putengeschnetzeltes „Förster Art" 122
Hähnchenspieße 123
Fruchtiges Ofenhähnchen 124
Exotischer Matjes 126
Matjes „Hausfrauen Art" 127
Makrelen auf Ratatouille 128
Überbackene Makrelen mit Champignoncreme 130
Fischragout mit Frühlingsgemüse 131
Lachs-Spinat-Topf 132
Kräuterlachs aus der Aromafolie 134
Fischstäbchen hausgemacht 135
Gebratener Heilbutt mit Basilikum-Tomaten-Dip 136
Kurzgebratene Thunfischsteaks 137
Spaghetti di mare 138
Thunfisch-Saltimbocca 139

Gemüsecurry mit mariniertem Tofu 140
Tomatenrisotto mit gebratenem Tofu 142
Backofenkartoffeln mit grünem Spargel 143
Papas arrugadas mit Tomaten-Basilikum-Dip 144
Nudelauflauf mit Mais und Champignons 145
Spirelli mit Avocado-Tomaten-Salsa 146
Paprika-Penne 148
Gefüllte Zucchini mit Tomaten und Schafskäse 150
Gefüllte Gemüsezwiebeln mit Mangold und Walnüssen 151
Gegrilltes Mozzarella-Gemüse aus dem Foliennest 152
Kohlrabischnitzel mit Zitronenpanade 153
Gemüse-Grünkern-Küchlein 154
Käse-Kresse-Pfannkuchen 156
Maiskolben aus der Folie 157
Kürbisgemüse mit Pfiff 158
Kartoffel-Spitzkohl-Gemüse 159
Karamellisierte Steckrübe 160
Überbackener Blumenkohl 161
Grillgemüsepäckchen aus dem Ofen 162
Rotkohl mit Cranberries 163
Gratinierter Fenchel „Rhodos" 164
Orientalisches Auberginengemüse 165
Kartoffeln Toskana 166
Kürbis-Kartoffel-Stampf 167
Schwarzwurzelpüree 168
Apfel-Zwiebel-Rösti 169
Gnocchi à la Mama 170
Bulgur-Risotto 172
Bulgur „Athen" 173
Frühlingsnudeln 174
Orientalischer Reis 175
Schnittlauch-Plinsen 176

Desserts und Gebäck
Limetten-Quark-Creme 178
Apfelmus mit Pfiff 179
Rhabarber-Erdbeer-Dessert 180
Marinierte Vanille-Beeren 181
Schwarzwälderkirsch-Becher 182
Apfelkuchen 184
Haferflockencookies 185
Sommertarte 186
Apfel-Zimt-Schnecken 188
Kirschenmichel 190
Weihnachtliche Scones 191